Wolfgang Lipka
Königsberger Straße 8
27729 Axstedt

ALTE
MUSIKINSTRUMENTE

ALTE MUSIK-INSTRUMENTE

RENÉ CLEMENCIC

MUNDUS VERLAG

Vorbemerkung

Autor und Verlag danken den nachstehend genannten Museen und Sammlungen für die freundliche Reproduktionserlaubnis der im folgenden (mit ihren Bildnummern) aufgeführten Abbildungen: *Amsterdam*, Rijksmuseum, 77; *Berlin*, Staatliches Institut für Musikforschung, 56, 82, 119; *Boston*, Museum of Fine Arts, 35, 126; *Brüssel*, Conservatoire Royal de Musique 50, 51, 53, 61, 83, 120; *Kopenhagen*, Carl Claudius' Musikhistoriske Samling, 68, 97; Musikhistorisk Museum, 102; Schloß Rosenborg, 71; *Den Haag*, Gemeentemuseum, 52, 99, 113, 116; *Hamburg*, Kunsthalle, 9; *Kremsmünster*-Abtei, 43; *Leipzig*, Karl-Marx-Universität, 10, 11; *London*, Benton Fletcher Collection of Early Keyboard Instruments, Fenton House, Hampstead, 107; British Museum, Vorsatzpapier, Frontispiz, 36, 58, 108; Courtauld Institute of Art (Roger Fry collection), 128; National Gallery, 88; Royal College of Music, 100; Victoria & Albert Museum (Crown copyright), 6, 8, 24, 25, 30, 31, 37, 46; *München*, Bayerisches Nationalmuseum, 1; Deutsches Museum, 101, 103, 105; Städtische Musikinstrumentensammlung, 112; *New York*, Metropolitan Museum of Art, 111; *Oxford*, Ashmolean Museum, 76, 121; *Paris*, Bibliothèque Nationale, 7, 47; Conservatoire National de Musique, 65, 66, 70, 73, 74, 94, 96, 109, 124; Musée du Louvre, 72; *Salem*, Mass., Essex Institute, 117; *Stockholm*, Musikhistoriska Museet, 78-81; *Wien*, Bildarchiv der Österreichischen Nationalbibliothek, 14, 20, 39, 40, 44, 55, 60, 62, 86, 89, 115; Gesellschaft der Musikfreunde, 29, 57; Heeresgeschichtliches Museum, 127; Kunsthistorisches Museum, 12, 13, 18, 19, 21, 23, 38, 41, 42, 45, 49, 54, 67, 69, 84, 90-93, 106, 125; Österreichisches Museum für angewandte Kunst, 17, 98; Sammlung René Clemencic, 3, 4, 5, 26, 27, 28, 32, 34, 48, 75, 85, 104, 110, 114, 118, 122, 123; Sammlung Dr. Walther Clemencic, 2, 15, 16, Schlußvignette; Sammlung Wolfgang Hofstätter, 87; Sammlung Roderich von Roy, 64; *Yale* University, Bell Skinner Collection, 59.

Fotos wurden geliefert von: Bärenreiter Bildarchiv, 33; Werner Forman, 13, 17, 19, 23, 27, 28, 32, 34, 57, 75, 85, 87, 90-93, 106, 110, 114, 118, 122, 123; Giraudon, 72; Claus Hansmann, 101, 103, 105, 112; Kunsthistorisches Museum Wien, 29; Derrick Witty, 24, 25, 107. Weitere Objekte aus den Sammlungen des Autors und Dr. Walther Clemencics wurden von Martin Schaub und Franz-Xaver Schwarzenberger aufgenommen.

Viel verdankt der Autor den Katalogen der Musikinstrumentensammlung des Wiener Kunsthistorischen Museums von Schlosser, Luithlen und Wegerer, sowie Verzeichnissen der anderen Sammlungen, aus denen Instrumente in diesem Buch beschrieben sind.

© 1986 by Mundus Verlag, Essen
mit freundlicher Genehmigung
des Battenberg Verlags, München
Gesamtherstellung: Druckerei Ernst Uhl, Radolfzell
Umschlag: Herbert Tausend, München

Printed in Germany
ISBN 3-88385-009-8

Inhaltsübersicht

Einleitung

Dem Klang haftet immer etwas Zauberhaftes, Magisches an. Er wird, bewußt oder unbewußt, als unmittelbarste Wesensäußerung von Göttern, Geistern, Menschen oder Dingen empfunden. Irgendein Verborgenes äußert sich, offenbart sich, kündet, droht und schmeichelt, zieht uns in sein Wesen hinein. Nichts beeinflußt uns, überzeugt uns so unmittelbar wie der Klang. Auch kann uns nichts so sehr zuwider sein wie uns fremde, unvertraute Klänge. Diese evokative Kraft klanglicher Bezauberung, klanglichen *enchantements* (im wahrsten Sinne eine *incantatio*) wird uns heute noch bewußt beim Erlebnis gewisser Instrumentalklänge. Das tiefe Blech erfüllt uns mit feierlicher Trauer, schmetternde Trompetenklänge verbreiten kriegerische Unternehmungslust, Orgelklänge versetzen uns in sakrale Stimmung, die Klänge des Jazzschlagzeuges peitschen die Sinne auf, gehaltene Posaunentöne haben etwas Mahnendes, etwas vom Jüngsten Gericht an sich.

Bei den primitiven Stämmen Ozeaniens, Afrikas und Australiens, deren Lebensformen noch heute Zustände der frühesten menschlichen Gesellschaft widerspiegeln, kommt neben der menschlichen Stimme den Blasinstrumenten und den sogenannten Selbstklingern besondere Bedeutung zu. (Zu den Selbstklingern gehören nach Curt Sachs „diejenigen festen Körper, die kraft ihrer eigenen Natur in Schwingung geraten, ohne einer besonderen Spannung oder gespannter

2 *(oben)* Die Sirenen verkörpern die verderbliche Macht verführerischer Klänge. Wer immer ihren betörenden Lockungen lauscht, muß zugrunde gehen

1 *(linke Seite)* Elfenbeinschnitzerei des am Münchener Hof tätigen Christof Angermaier (um 1600–1632). Der Hirtengott Pan lauscht inmitten einer idyllischen Landschaft einem Hirtenkonzert. Im Hintergrund erkennen wir Querflöte, Pommer und Krummhorn, im linken Vordergrund einen krummen Zinken, ein Ranckett, eine Baßblockflöte in Säulenform, rechts Posaune und Diskantpommer

7

3 Der gute Klang, die süße Kraft der Harmonie schützt uns vor dem Bösen – wie Arion das Harfen- und „Geigen"spiel vor den Meeresungeheuern

4 Das ägyptische Sistrum, ein Schütteldiophon, soll den Menschen vor Augen führen, daß die durch den Tod bedrohte Welt beständig aus ihrer Erstarrung aufgerüttelt werden muß

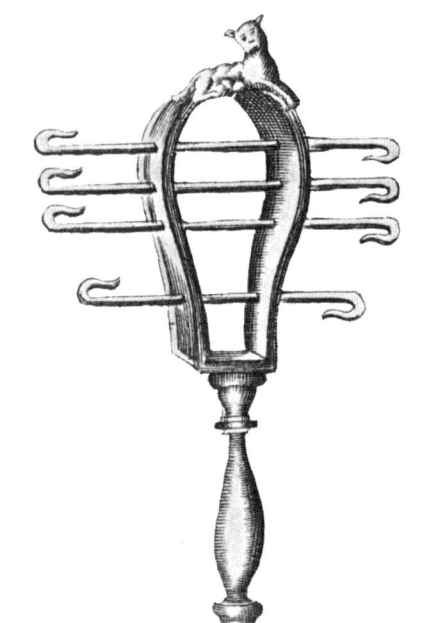

Felle oder Saiten zu bedürfen".) Die Blasinstrumente stehen ja mit der uns unsichtbar umgebenden Luft in unmittelbarstem Zusammenhang. Auch ist der Bläser inniger mit seinem Instrument verbunden als der Spieler anderer Instrumente, denn er nährt die Töne mit seinem eigenen Atem, durch ein fast göttliches „Einblasen des Odems". Die Flöte, dieses Blasinstrument par excellence (der Name ist vom lateinischen *flatus* = Hauch, Wind, Wehen, Blasen abgeleitet) ist stets Zauberflöte, die auf „grauser Bahn" leitet und „durch des Tones Macht froh durch des Todes düstre Nacht" wandeln läßt (E. Schikaneder, Textbuch zu Mozarts Zauberflöte).

· Die Selbstklinger offenbaren ihre verborgene Stimme durch bloßes Beklopfen oder Schütteln usw., ohne im allgemeinen umständlicher Vorkehrungen zu bedürfen. Die materielle Welt fängt zu klingen an, wenn sie in Bewegung versetzt wird. Plutarch deutet das alte ägyptische Sistrum in diesem Sinne: „Auch das Sistrum deutet an, daß die Dinge stets und ohne Unterlaß in Bewegung sind und dann, wenn sie in Schlummer oder Erstarrung verfallen, gleichsam aufgeweckt und in Schwung gehalten werden sollen. Sie (die Ägypter) glauben nämlich, mit dem Sistrum den Typhon abwehren zu können und dadurch zu zeigen, daß die Zeugung die von der Vernichtung gebundene und zum Stillstand gebrachte Natur mittels der Bewegung wiederum löst und in Gang setzt." (Plutarch, *Über Isis und Osiris*.)

Die Membranophone oder „Fellklinger" (Trommeln usw.) wie auch die Chordophone oder Saiteninstrumente scheinen etwas jüngeren Ursprungs zu sein. Sie treten erstmals im älteren Neolithikum auf. Der Kontakt zum Instrument ist hier nicht mehr so unmittelbar wie bei den Aerophonen oder Luftinstrumenten, und das klingende Material kann nicht ohne spezielle Bearbeitung zum Klingen gebracht werden. Das „Instrument" als Gerät, als „Zeug", als „etwas um zu" (Heidegger) tritt jetzt immer mehr zwischen Mensch und Welt, die ihrerseits immer mehr zur Werk- und Wirkwelt des *homo faber* wird.

Die Veruneigentlichung des Erzeugens „organisierter Klänge" führt schließlich zur Erfindung der Tasteninstrumente des Abendlandes, bei denen der Spieler durch einen mechanischen Apparat von der unmittelbaren Tonerzeugung getrennt wird und oft nicht mehr als „auslösende" Funktion hat. Hatte in der Urzeit die äußere Erscheinung der Instrumente wie auch ihr Klang mehr symbolisch-magische Bedeutung, so unterliegen die Instrumente im Laufe der Zeit immer stärker einer rein ästhetischen Beurteilung von Gestalt und Klang, ohne daß aber, wie bereits erwähnt, die magische Schicht jemals restlos verlorenging.

Von einer „Entwicklung" der Musikinstrumente kann ebensowenig gesprochen werden wie von einer Entwicklung der Musik, Malerei, Plastik usw. Der naive Fortschrittsoptimismus des 19. Jahrhunderts ist hier fehl am Platz. Jede Epoche, jeder Kulturbezirk schaffen sich die ihnen adäquaten Klangerzeuger. Sie alle finden und benötigen ihren spezifischen, nur ihnen eigentümlichen Klangvorrat. (Diese verschiedenen Klangideale kommen übrigens auch in den verschiedenen Gesangsidealen zum Ausdruck.) Allenfalls bei Tasteninstrumenten kann in gewissen Grenzen von einer Verbesserung des Mechanischen gesprochen werden. Auch hier geht die „Verbesserung" aber meist mit einer Veränderung spieltechnischer Gegebenheiten, klangcharakteristischer Eigenheiten usw. Hand in Hand, was im Ergebnis wieder von Nachteil sein kann.

In diesem Buch wird der Versuch unternommen, die Musikinstrumente, in besonderem Maße ihre äußere Erscheinung, mit der Kunst- und Kulturgeschichte in engeren Zusammenhang zu bringen, wobei sich der Verfasser auf die abendländischen Instrumente von der Hochrenaissance bis zum Empire beschränkt hat. Aus der Zeit vor der Hochrenaissance sind zu wenige Instrumente erhalten, um einen einigermaßen befriedigenden Überblick zu gewährleisten, und die nach der Epoche des Empire entstandenen Instrumente bieten meist nicht genügendes ästhetisches Interesse.

5 Membranophone waren seit jeher magisch dem Tod zugeordnet. Die Felle wurden als singende Häute von Lebewesen angesehen. Auch bei diesem barocken Totentanz wirkt noch etwas davon nach

ERSTES KAPITEL

Hochrenaissance

Ein unerhörter Reichtum an Klangfarben tut sich vor uns auf, eine ganze Welt der Differenzierung, neben welcher unsere moderne Orchesterpalette verhältnismäßig arm wirkt. In dieser Zeit gibt es vielerlei Arten gezupfter und gestrichener Saiteninstrumente, schnarrender Doppelrohrblattinstrumente, sanft klingender Flöteninstrumente, ferner Instrumente mit Kesselmundstück, mehr schmetternd wie die Trompeten, oder sanfter wie die Posaunen oder Zinken, und schließlich eine Vielzahl von Tasteninstrumenten mit Saiten oder Pfeifen. Und alle diese Instrumente existieren in verschiedenen Größen, sind oft zu ganzen „Familien" ausgebaut.

Dieser familienmäßige Ausbau von Instrumenten ist übrigens ein besonderes Charakteristikum der Hochrenaissance und des Manierismus. Im Barock beginnt diese Tendenz schwächer zu werden. Später führt lediglich die Streicherfamilie des klassischen, romantischen und modernen Orchesters diese Idee noch weiter. Der Ende des 15. Jahrhunderts einsetzende Zug zur Instrumentenfamilie entsprang nicht einer Marotte der Instrumentenbauer, sondern ging Hand in Hand mit der Heranbildung eines neuen musikalischen Stils, der zu seiner klanglichen Darstellung eines homogenen Klangkörpers bedurfte. War die mittelalterliche Mehrstimmigkeit ein gleichzeitiger, kunstvoll koordinierter Ablauf verschiedener melodischer Ereignisse, die sich in melodi-

6 Dieses Bild aus der berühmten Holzschnittfolge *Kayser Maximilian I. Triumph* zeigt den Blasinstrumentenmacher des Kaisers, Hanns Neuschel, im Kreise von Schalmeien-, Krummhorn- und Posaunenbläsern

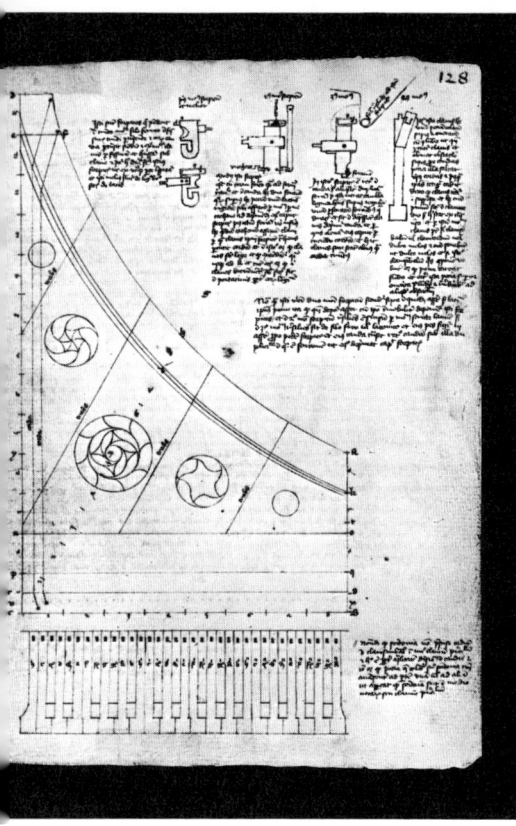

7 Der älteste bekannte Bauplan
für ein Cembalo von Henricus Arnault aus
Zwolle (um 1435). Die flügelähnliche Gestalt
ergibt sich ganz natürlich aus der Anordnung
der Saiten nach ihrer Länge. Von der Vielzahl
der Schallöcher ist man bald abgekommen

schem und rhythmischem Duktus, oft sogar durch verschiedene Textierung, ja verschiedene Sprachen unterschieden, so kommt es seit dem 15. Jahrhundert immer mehr zu einer gegenseitigen Annäherung und Angleichung der Stimmen. Es entsteht so etwas wie ein wirklicher Stimmverband, ein Stimmorganismus, eine Stimmdemokratie. Hatte sich die mittelalterliche Mehrstimmigkeit im „Spaltklang" möglichst unterschiedlicher Klangquellen realisiert, so strebt die Renaissance auch hier Homogenität an. In der Praxis wird dieses Prinzip dann freilich noch oft genug durchbrochen, sei es, weil die Kompositionstechnik gelegentlich noch Archaismen aufweist, sei es, weil die Aufführungspraxis nach klanglicher Abwechslung strebt. Die Homogenität hat aber noch eine zweite Wurzel: Ein homogener Klangkörper ist zur Selbstdarstellung von Akkorden, von vertikalen Klangsäulen besser geeignet als ein in sich gespaltener, differenzierter Klang. War das Akkordische in der mittelalterlichen Mehrstimmigkeit noch mehr unbeabsichtigtes, zufälliges Ereignis, das lediglich, um das Spiel der melodischen Linien nicht zu stören, gewissen Regeln unterworfen war, so wird seit dem 15. Jahrhundert die Tendenz immer stärker, auch den Zusammenklang als einen eigenständigen Wert zu empfinden. Schließlich wird durch den familienmäßigen Aufbau ein nach Höhe und Tiefe deutlich differenzierter musikalischer Raum geöffnet, während sich die mittelalterliche Mehrstimmigkeit in einer fast unräumlichen, schwebenden Mittelregion abgespielt hatte. Dieses Bewußtwerden des musikalischen Raumes kann vielleicht in Parallele gesetzt werden zu dem aufregend-neuen Raumerlebnis in der Malerei derselben Epoche. Sicher trug es auch dazu bei, die Musik zu humanisieren und sie auf die Erde herabzuholen: Die Schwerkraft des Basses verankert die Töne in der Tiefe.

Die stark zunehmende Bedeutung der TASTENINSTRUMENTE hat gleiche Funktion. Denn dadurch, daß sie das mehrstimmige Spiel ermöglichen, sind sie gleichsam in ein einziges Instrument zusammengefaßte Instrumentenfamilien.

Wie ein mit Hand oder Plektron angerissenes Saiteninstrument (in erster Linie das Psalterium) mit Hilfe eines Tastenhebels mechanisiert werden konnte, war seit dem 14. Jahrhundert bekannt. Die Form des Instrumentes konnte rechteckig, trapezförmig oder flügelförmig sein. Bei dem rechteckigen oder trapezförmigen Instrument (als Spinett bezeichnet) stehen die Saiten quer oder schräg zur Tastatur; bei dem flügelförmigen Instrument steht die an die kürzeste Seite gerückte Tastatur in Saitenrichtung (diese Form heißt Cembalo [Bild 7]).

Im Victoria and Albert Museum in London befindet sich das älteste bekannte, datierbare CEMBALO. Die Italiener scheinen im 16. Jahrhundert im Bau von Kielklavieren führend gewesen zu sein. Das 1521 von Hieronymus von Bologna erbaute Cembalo stellt ein in allen Teilen ausgereiftes Instrument dar. Die klassisch schöne Flügelform wird hier einzig und allein durch die Funktion bestimmt, ergibt sich ganz natürlich aus der harmonisch geschwungenen Kurve des Saitenverlaufs. Der Resonanzboden besitzt ein Schalloch, das mit einer ornamentalen Rosette verziert ist. Die helleren Tasten sind vorn mit einem Arkadenrelief versehen. Die die Tasten nach den Seiten hin begrenzenden Klaviaturwangen sind ebenfalls verziert [Bild 8]. Die Deckelleiste an der Stirnseite, die mit Ornamenten und zwei Wappen geschmückt ist, trägt eine Aufschrift, in der die uralte, kosmisch-orphische Kraft der Harmonie anklingt:

8 Wie die meisten italienischen Cembali ist auch dieses älteste bekannte Cembalo aus Zypressenholz. Das eigentliche Instrument liegt lose in einem reich verzierten Überkasten – eine Eigentümlichkeit des italienischen Cembalobaus

ASPICITE VT TRAHITVR SVAVI MODVLAMINE VOCIS QVICQVID HABENT AER SIDERA TERRA FRETVM.

(Betrachtet, wie alles, was Luft, Himmel, Erde und Meer bergen in sich, durch des Klanges süßen Wohllaut bewegt wird.)

Das italienische Cembalo behielt diese klassische Form bis zu seinem Aussterben im 18. Jahrhundert bei, dann setzten sogar die ersten Hammerklaviere diese Tradition noch fort.

Das KLAVICHORD (von *clavis* = Taste und *chorda* = Saite) stellt einen anderen Typ eines mechanisierten besaiteten Instrumentes dar. Die Saiten werden hier durch Metalltangenten (kleine, an den Hinterenden der Tastenhebel befestigte Metallplättchen) angeschlagen. Da diese Tangenten fest mit der Taste verbunden sind, nicht zurückspringen oder -fallen wie die Hämmer der Kiele, bewirkt das Anschlagen gleichzeitig auch eine Teilung der Saite. Es können so, je nachdem an welchem Punkt die Saite angeschlagen wird, auch mehrere Töne auf einer Saite hervorgebracht werden. Der so erzeugte Ton ist äußerst zart und leise, aber auch sehr modulationsfähig, da der Kontakt zur Saite viel unmittelbarer ist. Der die Finger schulende subtile Anschlag und die niedrigen Herstellungskosten machen das Klavichord zum beliebten Lern- und Übungsinstrument. Paulus Behaim, ein Nürnberger Bürger, vermerkt 1567 in seinem Rechnungsbuch: „a di 9 november hab ich main paulus zum organist lassen gen, sol in auf dem Klafficordia lernen schlagen."

9 Dank der geringen Anschaffungskosten und seines zarten Klanges war das Klavichord eines der beliebtesten Hausinstrumente. Stich von J. C. Vermeijen (1500–1559)

10 Dieses Instrument gilt als das älteste datierte Klavichord der Welt und wurde 1543 von Domenico da Pesaro verfertigt. Die Klaviatur ist an der Längsseite des Instruments vorgebaut (wie bei den italienischen Spinetten). Eine weitere italienische Eigenart stellen die gotischen Bogenmuster an der Vorderseite der Tasten und die verzierten Klaviaturwangen dar

Das Instrument ist seit dem ausgehenden Mittelalter eindeutig nachweisbar. In der Musikinstrumentensammlung der Leipziger Universität wird heute das aus der Heyer-Sammlung in Köln stammende älteste erhaltene, datierte Klavichord aufbewahrt [Bild 10]. Es wurde 1543 von Domenico da Pesaro verfertigt, von dem sich auch ein schönes, gut erhaltenes Cembalo in derselben Sammlung befindet.

Die Kleinorgel, das sogenannte POSITIV, erfreute sich in der Renaissance großer Beliebtheit. Wie der vom lateinischen *positivum* (das Aufstellbare) herkommende Name besagt, handelt es sich hier um eine „nicht eingebaute, sondern frei aufstellbare Orgel", die im allgemeinen nur über ein Manual verfügt und keine Pedale und Zungenregister hat. Das Positiv wurde im Chor der Kirche als „Chororgel", d. h. zum Begleiten und Unterstützen der im Chor musizierenden Sänger und Instrumentalisten verwendet, während die große Schiffsorgel meist solistische Aufgaben hatte. Das Positiv war aber auch ein sehr beliebtes weltliches Instrument, und ganze Sammlungen von Tänzen sind dem Positiv zugedacht. Erst seit der Romantik wird die Orgel das Kircheninstrument par excellence.

Eines der wenigen erhaltenen italienischen Renaissancepositive befindet sich in der bereits erwähnten Musikinstrumentensammlung der Leipziger Universität [Bild 11]. Die Orgel verfügt über drei Register aus offenen Metallpfeifen im 4-, 2- und 1-Fuß. (Diese Bezeichnungen, die auch bei den Kielinstrumenten verwendet werden, stammen aus dem Orgelbau. Acht Fußmaße betrug die Pfeifenlänge für das C der großen Oktave. Vier Fuß betrug das eine Oktave höher liegende C und zwei Fuß das zwei Oktaven höher klingende.) An der Rückseite des Instrumentes befinden sich zwei Keilbälge für die Luftversorgung. Bei größeren Instrumenten war die Bedienung der Bälge, das Balgziehen oder -treten, dafür eigens geschulten Leuten, den Kalkanten, vorbehalten. Für besondere Gelegenheiten wurden berühmte Kalkanten sogar aus dem Ausland verschrieben!

11 Italienisches Renaissance-Positiv mit klassischen Proportionen. Der Sockel ist mit biblischen Szenen geschmückt und das Gehäuse über den beiden kleineren Bogen mit dem Wappen der Familie della Rovere, der der Renaissancepapst Julius II. entstammte

Das Leipziger Instrument ist von ausgewogener, edler Schönheit. Nach echt italienischer Tradition ist die Stirnseite der Tasten mit einem Arkadenmuster verziert. Diese kleinen Arkaden finden ihre Entsprechung in den drei großen Arkadenbogen, welche den Prospekt gliedern. Auch der Sockel ist durch Arkaden in Bogenfelder unterteilt.

Die gesellschaftliche Einordnung der Musik wird wohl am besten in dem damaligen Brevier für Weltleute, in *Il Cortegiano* des Grafen Baldassare Castiglione, wiedergegeben. Gesang und Spiel auf Saiteninstrumenten werden als aristokratisch zugelassen. Auch das Spiel von Tasteninstrumenten ist dem Höfling erlaubt. „Wohlklingend sind auch alle Tasteninstrumente ... und mit Leichtigkeit können auf ihnen viele Dinge ausgeführt werden, welche die Seele mit der Süßigkeit der Musik erfüllen." Später nahm in bürgerlichen Kreisen das Klavier diese Stelle ein, und die „höheren Töchter" erhielten Klavierunterricht, wohingegen etwa Klarinetten- oder Trommelunterricht als nicht standesgemäß galt.

Als besonders vornehm und süß empfindet Castiglione den Sologesang zur Begleitung eines Streichinstrumentes:

„Für schöne Musik", antwortete Messer Federico, „halte ich gewiß das Ensemblesingen ... aber um vieles mehr noch das Singen zur Viola. Denn die ganze Süßigkeit besteht gewissermaßen in einem Solo, und mit weit größerer Aufmerksamkeit erfaßt und vernimmt man die Schönheit des Vortrags und der Arie, da die Ohren sich auf eine einzige Stimme konzentrieren können ... Am angenehmsten aber erscheint mir der erzählende (rezitierende) Gesang zur Viola zu sein, welcher dem Wort so viel Anmut und Wirksamkeit verleiht, daß es ein großes Wunder erscheint."

12, 13 Die prachtvolle Lira da braccio Giovanni d'Andreas, 1511 datiert. Das Griffbrett ist mit einer Einlegearbeit *alla certosina* (eine in Norditalien beliebte Technik) mit Elfenbein, Ebenholz und grün gebeiztem Bein verziert. Die beiden seitlich weggespreizten Saiten wurden als klangverstärkende Bordune verwendet. Die Rückseite dieser wundervollen Lira *(rechte Seite)* ist reich an symbolischen Anspielungen

Hier finden sich also bereits Vorläufer der barocken Monodie, die allerdings keineswegs die ersten sind. Schon immer gab es instrumental begleiteten Solistengesang, ob bei den Minnesängern und Trouvères in Europa, oder etwa in außereuropäischen Kulturkreisen.

Unter der erwähnten Viola ist nicht das moderne Instrument gleichen Namens zu verstehen, Viola war vielmehr damals ein Sammelbegriff für fast alle Streichinstrumente. In

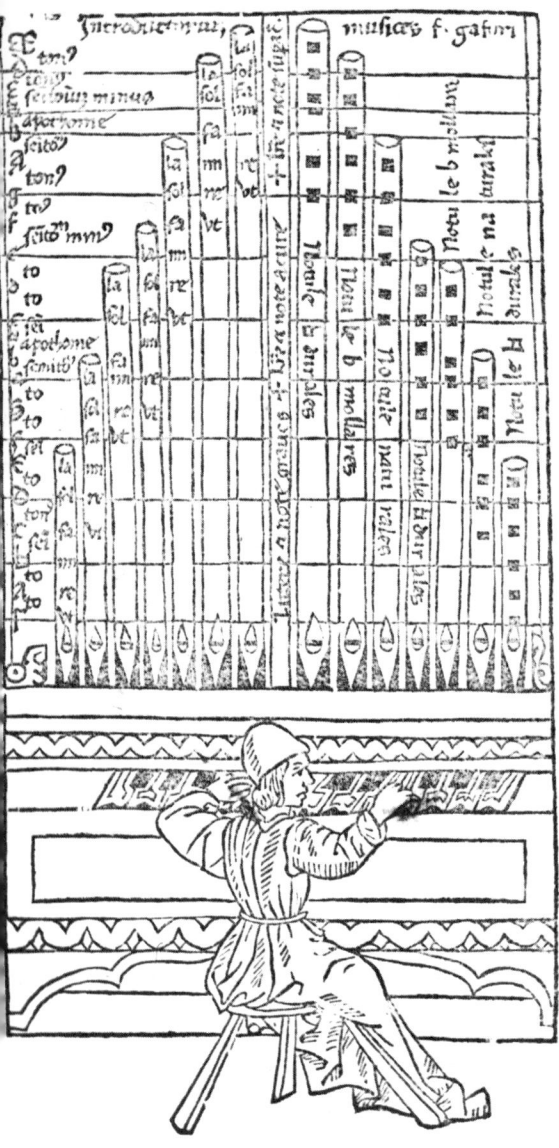

14 Eine Renaissance-Orgel aus dem *Angelicum ac divinum opus musice* (1508) von dem bedeutenden italienischen Musiktheoretiker Franchino Gafori (1451–1522)

diesem Zusammenhang aber, zur Begleitung des Sologesangs, war damit ein ganz spezifisches, auch als LIRA (LYRA) DA BRACCIO bezeichnetes Instrument gemeint. Es besitzt einen relativ flachen Korpus, einen herzförmigen Wirbelkasten mit vorderständigen Wirbeln, fünf Griffseiten und zwei frei an der Seite verlaufende Bordunsaiten. Die beiden Bordunsaiten konnten – stets in ihrer vollen Länge erklingend, da sie frei vom Steg verliefen – angestrichen oder auch angezupft werden. Durch das Zusammenwirken der „Spielsaiten" mit den Bordunsaiten entstand eine schlichte, eigentlich nur der Klangverstärkung dienende Mehrstimmigkeit. Dafür gibt es alte Vorbilder. So verfügt zum Beispiel die aus dem Mittelalter stammende Radleier stets über tiefe Bordunsaiten, und auf der kleinen Positivorgel des van Eyckschen Genter Altarbildes sind die Vorrichtungen zum Fixieren der Tasten der Baßzone zu Orgelpunktzwecken deutlich erkennbar. Heute noch allgemein bekannt sind die Bordunpfeifen des Dudelsacks.

Als nächstverwandter Vorläufer der *Lira da braccio* ist wohl die mittelalterliche Fiedel anzusehen. Sie wurde, ebenso wie die Lyra (die mit dem antiken Instrument nur den Namen gemeinsam hat), vorzugsweise zur Gesangsbegleitung verwendet. Meist begleitete sich der Sänger nach uralter Sitte selbst, was den Vortrag freier und persönlicher machte. Da die Lyra locker an die Brust gesetzt und nicht unter das Kinn gepreßt wurde, war dies leicht möglich. Es dürfte sich vorwiegend um einfache Melodiemodelle gehandelt haben, die jeweils strophenweise mit improvisierter Begleitung wiederholt wurden. Lionardo da Vinci soll ein besonderer Meister dieser Kunst gewesen sein, und es wird berichtet, daß er „göttlich" zur Lyra sang. Er hatte sich sein Instrument in Form eines Pferdeschädels selbst verfertigt.

Die älteste noch erhaltene *Lira da braccio* wird im Kunsthistorischen Museum in Wien aufbewahrt. Sie ist zugleich eines der schönsten Stücke dieser in nur noch wenigen Exemplaren erhaltenen Gattung und stammt aus der bis 1870 auf

Schloß Catajo bei Padua aufbewahrten Instrumentensammlung der Adelsfamilie Obizzi. Die Sammlung wurde begonnen von Pio Eneas, dem Enkel des Marchese Pio degli Obizzi, der das Schloß im 16. Jahrhundert erbaute. Ein Zeitgenosse (Betussi, Padua, 1573) beschreibt den „kleinen höchst anmutigen Theatersaal ... dessen Seitenwände mit Kästen voller Musikinstrumente und Notenbücher versehen sind. Zu jeder Seite erhebt sich eine Orgel aus Zypressenholz ...“ 1559 hören wir von einer Privatsammlung des Sabba da Castiglione in seinem Haus in Faenza:

> ... so kommt es, daß mancher sein Haus der Schönheit der Musikinstrumente wegen mit Orgeln, Cembali, Monochorden (Klavichorden), Psalterien, Harfen, Hackbrettern, Pandoren, Mandolen und ähnlichen Instrumenten schmückt; andere wiederum mit Lauten, Violen, Violonen, Liren, Flöten, Zinken, Tibien, Dudelsäcken, *chianoni* (?), Posaunen und anderen dieser Art. Dieser Schmuck ist sicherlich sehr zu loben, weil solche Instrumente die Ohren aufs höchste ergötzen und die Seelen sehr erquicken ... darüber hinaus sind sie eine Augenweide, wenn sie mit Sorgfalt von der Hand hervorragender und erfindungsreicher Meister, wie etwa von Lorenzo da Pavia oder Bastione da Verona, gearbeitet sind.

Ohren- und Augenlust sind z. B. in der prachtvoll gearbeiteten Wiener Lira vereinigt [Bilder 12, 13]. Auf der Rückseite des reich verzierten Bodens befindet sich ein Elfenbeinplättchen mit einer griechischen Inschrift (der humanistischen Gesinnung der Zeit entsprechend): „Der Gesang ist der Arzt für den Schmerz der Menschen“ — eine Anspielung auf den alten Glauben an magisch heilende Kräfte der Musik. Das Instrument ist die einzige erhaltene Arbeit des Giovanni d'Andrea, eines anderen Veroneser Meisters, und auf einem Zettel im Innern mit *Joannes Andree. Veronen ... vosto (agosto?) 1511* bezeichnet.

Die Einleitung zur Novellensammlung des Florentiners Antonfrancesco Grazzini gibt uns ein gutes Bild vom aristokratischen Musizieren seiner Zeit:

> In der freizügigen und wunderschönen Stadt Florenz trafen sich vier der ersten und edelsten Jünglinge der Welt am letzten Januartag nach dem Mittagessen im Hause einer ebenso tugendhaf-

15 Der Sologesang zur Lira da braccio galt als eine der edelsten Formen der Musikausübung. Der Sänger war hier sein eigener Begleiter

16 Berufsmusiker wurden zum Spielen von Blasinstrumenten in Adelskreisen verpflichtet und fehlten bei keiner Festlichkeit, wie hier bei der Königshochzeit
17 (*nächste Seite*) Zinken- und Posaunenbläser auf einer glasierten Ofenkachel, Österreich, um 1570. Die Posaune ist, bedingt durch den Rahmen, zu kurz geraten und deformiert. Zink und Posaune gehörten zu den wichtigsten Instrumenten der Stadtpfeifer
18 (*übernächste Seite*) Palastarchitektur mit Musizierenden; Detail eines Gemäldes von H. V. de Vries (1527–ca. 1604). Zwei Sängerinnen, eine Querflötenbläserin, ein Viola-da-Gamba-Spieler, eine Lautenspielerin und ein Lautenspieler musizieren zusammen mit einem Tischorgelspieler in einer Renaissanceloggia

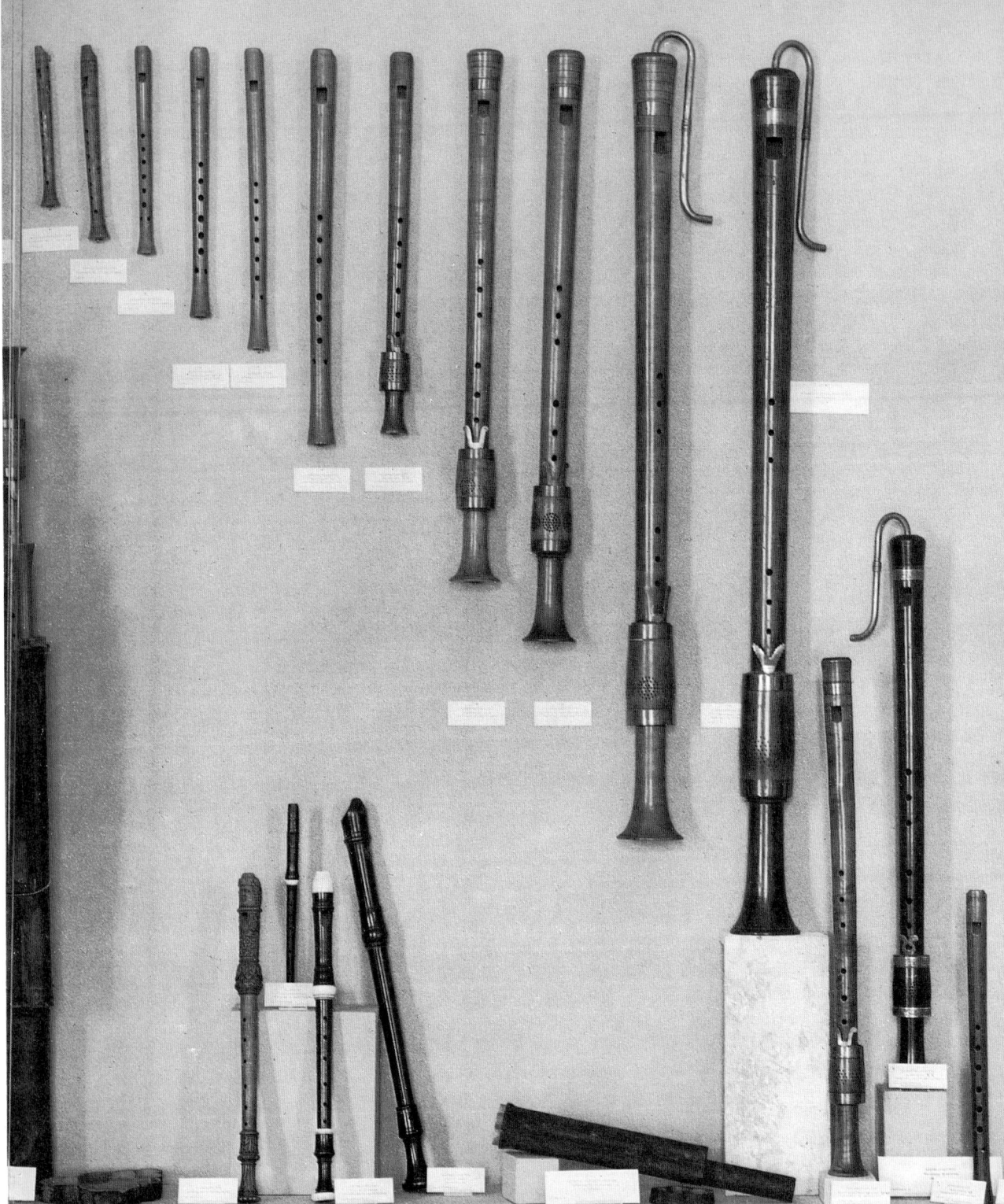

ten und edlen wie reichen und schönen Witwe zum Zeitvertreib und zur Unterhaltung mit deren leiblichem Bruder, der an Bildung und guten Sitten in Florenz und in der ganzen Toskana nur wenige seinesgleichen hatte. Dieser war, abgesehen von seinen anderen Tugenden, auch ein vollendeter Musiker und besaß ein Zimmer, das mit auserlesenen Liederbüchern und rühmlichen Instrumenten ausgestattet war. Und alle diese Jünglinge konnten, der eine mehr, der andere weniger, singen und spielen.

Zu einer solchen aristokratischen Umwelt gehörten eben auch aufs feinste gearbeitete und verzierte Instrumente. Es handelte sich ja hier nicht um Berufswerkzeug, sondern um anspruchsvolles und kostbares „Spielzeug". Die unansehnlichen und schlichteren Blasinstrumente bleiben in der Regel ausgeschlossen. Um diese Instrumente, „welche die Minerva ablehnte", müsse sich der Hofmann nicht kümmern, belehrt uns Castiglione. Das galt natürlich nur für das Musizieren selbst, denn die Verwendung von Blasinstrumenten durch Berufsmusiker war in adeligen Kreisen weit verbreitet. So wird 1475 die Festmesse anläßlich der Vermählung Constanzo Sforzas mit Camilla di Aragona in Pesaro mit *pifari e trombetti* (Pfeifern und Trompetern) gefeiert. Bei der Hochzeit des Cosimo von Medici (Florenz, 1539) spielten bei den Intermedien unter anderem Querflöten, Posaunen und Zinken. Bei einem feierlichen Hochzeitsmahl am Hofe zu Ferrara (1529) sorgten 1 *flauto grosso*, 1 *dolzaina*, 2 *flauti mezzani*, 1 *cornetto sordo*, 5 *tromboni*, 1 *cornetto grosso*, 4 *flauti d'Alemana* und andere für die musikalische Umrahmung.

Die mild und sanft klingende BLOCKFLÖTE scheint im 16. Jahrhundert in Italien weit verbreitet gewesen zu sein. Über dreißig Blockflöten in allen Stimmlagen, vom winzigen „Exilent" bis zum „überlebensgroßen" (183 cm) Großbaßinstrument, alle vermutlich aus venezianischen Werkstätten, fanden sich in der Instrumentenkammer in Catajo. Diese, in ihrer Fülle einzigartige Blockflöten-Kollektion der Renaissance ist heute im Kunsthistorischen Museum in Wien untergebracht [Bild 19]. Zu einigen Flöten dieser Samm-

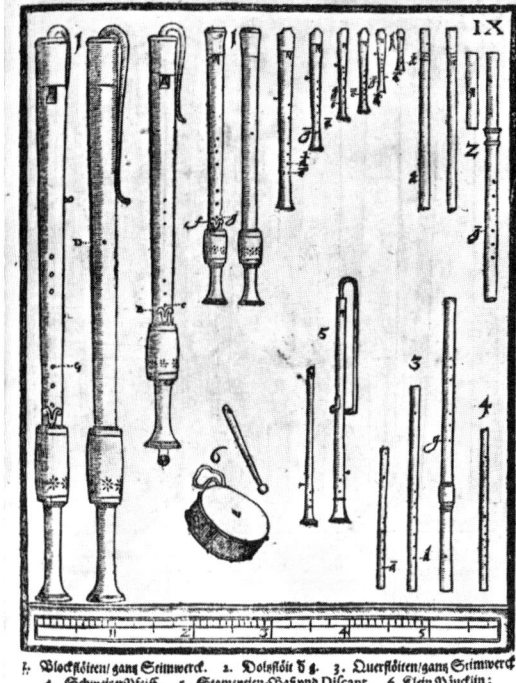

1. Blockflöten/gantz Stimmwerck. 2. Dolzflöit ð g. 3. Querflöiten/gantz Stimmwerck. 4. Schweitzerpfeiff. 5. Stamentien-Baß vnd Discant. 6. Klein Pläuflin; zu den Stamentien Pfeifflin zugebraucht.

20 (oben) Holzschnittdarstellung eines vollständigen Stimmwerks von Blockflöten (Großbaß, Baß, Basset, Tenor, Alt, Diskant in c″ und d″, Exilent und ein winziges Flötlein) sowie weitere Flöten und eine kleine Trommel
19 (linke Seite) Eine „Familie" venezianischer Blockflöten aus dem Catajo-Palast
21 (nächste Seite) Allegorie der Liebe bzw. des Frühlings; niederl. Meister, um 1600. Amor in Gestalt eines Laute spielenden Jünglings sitzt in einer Frühlingslandschaft. Zu seinen Füßen Gegenstände für Sport und Spiel, Bücher über die Liebeskunst, Notenbücher und Musikinstrumente: links eine viersaitige Viola mit zurückgebogenem Wirbelkasten samt Bogen sowie einem schwarzen krummen Zinken; rechts eine Cister, ein ledernes Flötenfutteral und das Lederfutteral der von Amor gespielten Laute

AMOR

VÉR

22 Titelblatt der ersten bekannten Blockflöten-
schule, Venedig, 1535
Im Vordergrund links ein geschlossenes
Flötenfutteral, in der Mitte zwei Zinken und
an der Wand ein Gambenterzett und eine
Laute. Der Lehrer (?) links klopft den Takt auf
der Schulter des Spielers. (Takt kommt vom
lateinischen *tactus* = Berührung)

lung sind die – wohl ebenfalls italienischen – lederbezoge-
nen Futterale erhalten. Das größte, eine Art Flötenköcher,
kann acht Blockflöten aufnehmen [Bild 23]. Ebenfalls aus
dem Venedig der Renaissance stammt das erste erhaltene
Lehrbuch des Blockflötenspiels [Bild 22]. „Verfaßt von Syl-
vestro Ganassi dal Fontego, Musiker der Erlauchten Obrig-
keit von Venedig", ist dieses Werk dem Dogen Andrea Gritti
gewidmet. Dem Geist des Humanismus entspricht die Fest-
stellung in Kapitel 1, „daß alle Musikinstrumente im Ver-
hältnis und im Vergleich zur menschlichen Stimme dieser
unterlegen sind, weshalb wir versuchen, von ihr zu lernen
und sie nachzuahmen". Wie der Maler die Natur mit verschiedenen Farben nachahme, so könne auch der Flötist die
Stimme nachahmen.

Daß im Hinblick auf die soziale Zuordnung der Flöte andere Länder andere Sitten haben können, beweist die „Hof-
stellung" der Blockflöte, des *recorders*, in England. Dort war
sie königliches Instrument. Der kunstbegeisterte Hein-
rich VIII. pflegte täglich das Spiel auf der Blockflöte. Ho-
linshed berichtet uns 1510, daß der König sich täglich im
Schießen, Singen, Tanzen..., im Spiel auf der Blockflöte,
der Flöte, dem Virginal... übte. Sein Inventar verzeichnet
allein 76 Blockflöten.

Aus dem Kreis der Blechblasinstrumente soll hier besonders die POSAUNE hervorgehoben werden. Ende des 15. Jahrhunderts wurde erstmals die Zugposaune in spanischen und
englischen Quellen erwähnt. Sie dürfte aber bereits in
der ersten Hälfte des 15. Jahrhunderts existiert und sich
aus der Zugtrompete entwickelt haben. Durch die Erfindung
des „Zuges" (durch die ausziehbare Scheide kann durch Aus-
füllung der Lücken der Naturtonreihe eine komplette und
einwandfreie, vom Spieler kontrollierbare und korrigierbare
chromatische Skala hergestellt werden) ist die Posaune eines
der verläßlichsten und verwendungsfähigsten Blasinstrumente der Renaissance. Sie kam sowohl in der Kirchenmusik,
zur Ausführung des langgestreckten Tenors oder zur Unter-

stützung der Sänger, wie auch in weltlicher Musik zur Verwendung. Die Ausführenden waren ausschließlich Berufsmusiker. Kamen die Blockflöten, wie es scheint, vorzugsweise aus Venedig, so die Blechblasinstrumente aus Nürnberg. (Über die Nürnberger Trompeten- und Posaunenerzeugung sind wir durch Fritz Jahn vorzüglich unterrichtet.) Die Trompeten- und Posaunenmacher hatten sich Ende des 15. Jahrhunderts wahrscheinlich durch Spezialisierung aus dem Rotgießerhandwerk heraus entwickelt. 1479 wird vom Rat der Stadt Nürnberg einem gewissen „Hanns Neuschel, Rothschmieddrechsel" das Meisterrecht verliehen. Daß er selbst auch ein guter Spieler war, geht aus seiner 1499 er-

23 Das größte der originalen Lederfutterale, die für die Catajo-Blockflöten angefertigt waren, faßt eine ganze Familie von acht Flöten und ähnelt einem Köcher für Pfeile

Nächste Seite
24 *(links)* Detail eines italienischen Spinetts aus dem späten 16. Jahrhundert [Bild 31]. Zauberhafte Verzierungen aus Email und Muranoglas schmücken das Instrument und das lederbezogene Gehäuse. Die Schmucktafeln zeigen Szenen aus der klassischen Mythologie
25 *(rechts)* Detail eines Spinetts von Annibale dei Rossi [Bild 30], Mailand, 1577, eines der preziösesten Tasteninstrumente, die je gebaut wurden. Die Verzierungen bestehen aus Elfenbein mit eingesetzten Edel- und Halbedelsteinen. Sogar die Tastatur ist mit kostbaren Auflagen geschmückt

26 Diese schlicht, aber edel geformte Posaune stellt eine ganz besondere musikalische Reliquie dar. Sie ist nicht allein die zweite bekannte Zugposaune überhaupt, sondern auch das einzige erhalten gebliebene Instrument des Nürnberger Meisters Jörg Neuschel

folgten Bestellung („Posaunerbestallung") als „Trompeter und Pfeifer" des Nürnberger Rats hervor. Für jährlich 56 Pfd. neuer Haller verpflichtete er sich auf fünf Jahre, der Stadt Nürnberg bei Hochzeiten usw. aufzuspielen. Anläßlich der Haftentlassung Kaiser Maximilians I. in Brügge werden auf Anordnung des Rates „hie in allen kirchen und clostern alle glocken geleutet und *Te deum laudamus* gesungen ..., von den Statpfeifern und trumetern auf dem portal unser lieben frau capellen gestanden, gehofiert und auch des kaisers nachthorn auf dem simbeln turm geblasen". Auch das Neujahrsblasen vom Turm wurde von den Pfeifern besorgt.

1504 erfahren wir, daß Neuschels Sohn, der ebenfalls Hanns hieß, sich „nach absterben seines vaters in sein handwerk gericht". Schon 1493 war dieser bei den Nürnberger Rotschmieden als Meister aufgenommen worden, und er hat das Gewerbe seines Vaters zu allerhöchsten Ehren gebracht. Da der Rat der Stadt Nürnberg die Korrespondenz mit den Fürstenhöfen gerne übernahm, um so den Kontakt warmzuhalten, sind die Briefbücher des Rates für uns eine große Wissensquelle. Wir erfahren zum Beispiel, daß der Meister, wie es damals üblich war, nicht nur Trompeten und Posaunen, sondern auch Zwerchpfeifen, elfenbeinerne Zinken, Krummhörner, Rauschpfeifen, Posthörner, Heerpauken, Flöten, Pommer usw. verfertigt hat. Unter den Kunden finden wir Herzog Wilhelm von Bayern (10 Trompeten), den Kurfürsten von Trier (Feldtrompeten), Herzog Friedrich von Schleswig-Holstein, Landgraf Philipp von Hessen und sogar Kaiser Maximilian I. sowie Papst Leo X. Als Hoflieferant Maximilians hatte er nie Arbeitsmangel. 1515 wurde ein Hoftrompeter von Augsburg nach Nürnberg geschickt, um „Trompeten, Claretten und andere Instrumente ... die er zu seinem Ritt zum König von Ungarn und Polen nötig habe", zu bestellen. Über die häufigen Geschäftsreisen im Dienste des Kaisers klagte Neuschel, daß sie sowohl seinem Weib und seinen Kindern als auch seiner Werkstatt zu „merklichem und verderblichem Schaden" gereichten.

Wie sehr der Kaiser Neuschel schätzte, geht daraus hervor, daß er ihm in seinem „Triumphzug" einen bleibenden Platz sicherte. Er ordnete an: „Auf dem selben Wägelein solle sein fünf Schalmeier, Pusauner und Krumphörner; und der Neuschel solle Meister sein und sein Reim, so das Knäbl führen wird, soll auf die Maynung gemacht werden: wie er zu frewet dem kaiser und nach seiner unterricht solichs insonderheit auf das lustigst gestimpt hab" [Bild 6].

1533 stirbt Neuschel an einer grassierenden Seuche und wird „mit zwey Todtenbaarn und 12 Kerzen auf St. Rochus zu Grab getragen". Der Sohn von Hanns Neuschel d. J., Jörg Neuschel, führt als letzter das Gewerbe weiter, wiederum mit allerhöchsten Ehren. Der Kreis der illustren Kundschaft scheint sich sogar noch erweitert zu haben. Zu ihr gehörten Herzog Albrecht in Preußen, der König von Dänemark, der König von Polen, der Markgraf Joachim von Brandenburg, der Kurfürst von Sachsen, der Kurfürst am Rhein, der König von England. Von der Güte seiner Arbeit hatte er eine hohe Meinung. Er sagte von sich: „Ich meines Teils bin überzeugt, daß mir's mit dem Stimmen und der Arbeit keiner weder in Deutschland noch in Wälschland nachmacht." Seine Instrumente waren „sehr säuberlich, auch künstlich und mit seltsamen Zügen gemacht", wie uns der Nürnberger Ratsherr Hieronymus Schürstab versichert. Dementsprechend waren die Preise dafür verhältnismäßig hoch. Sie waren oft drei- bis viermal so teuer als andere „deutsche oder wälsche" Instrumente. — Mit Jörg Neuschels Tod im Jahre 1557 in Nürnberg stirbt auch die Werkstatt aus. Andere Namen treten jetzt an seine Stelle.

Als einziges Instrument der Neuschels ist eine Tenor-Zugposaune aus Messing auf uns gekommen mit der Inschrift: *MACHT JORG NEVSCHEL ZV NVRMB. MDLVII.* Dieses Instrument aus dem Sterbejahr Jörg Neuschels ist eines der letzten, die er gebaut hat. Als Marke ist am Stürzenrand die Kaiserkrone zu erkennen — nach dem Nürnberger Ratsbuch ein Privileg der Neuschels seit 1515 [Bild 26].

ZWEITES KAPITEL

Manierismus

Der neue Stil verändert das Instrumentarium nur wenig, doch läßt die äußere Ausführung gelegentlich Eigenheiten des manieristischen Stils erkennen, wie sie auch in der Hochrenaissance hin und wieder schon durchbrachen. Im Manierismus gewinnt die Musik an allgemeiner Bedeutung. Die ausgewogene Statik der Renaissance wird in einen dynamischen, zeitlichen Fluß aufgelöst. Architektur und Plastik werden verzeitlicht, musikalisiert. Alles kommt nach und nach in ein Fließen und Strömen hinein, in ein Sichdrehen und -winden, in Serpentinen und Labyrinthe. Dichtung kann zur reinen, hinreißenden Wortmusik werden, von Bildern stürzen glühende Farbströme, architektonische Labyrinthe ziehen den Betrachter in ihren Strudel. Unvergeßlich die Beschreibung des Gesangs des Orpheus durch den Cavalier Marino, den dichterischen Protagonisten dieses Stils:

28 Die Form dieser Engelstrompete aus einer Radierung Riberas ist von pflanzlicher Geschmeidigkeit. Dem Leblosen den Anschein des Organischen zu geben, ist ja ein Wesenszug des Manierismus und Barock

Talhor quasi volubile Meandro	Manchmal wie unbeständiger Mäander,
O'Labirinto obliquo,	Wie schiefes Labyrinth
Per anguste torture	Durch enge Qualen
Di flessuosa scala	Schmiegsamer Skala
Serpendo in lungo giro	In langem Umlauf schlängelnd,
S'increspa, e piega, e si rivolge, e rota.	Kräuselt, biegt wendet sich und kreist (die Stimme).

Die musikalischen Mittel werden jetzt massiert, Klangwucht und Mächtigkeit werden angestrebt. So wirken zum Beispiel bei der Aufführung eines Werkes von Striggio anläßlich der Hochzeitsfeierlichkeiten für Herzog Wilhelm V. von Bayern und Renata von Lothringen im Jahre 1568 in München 40

27 *(linke Seite)* Detail eines Spinetts von Giovanni Celestini [Bild 34], Venedig, 1589. Die Dockenleiste und die Zierleiste um das Instrument sind nach italienischer Sitte mit Elfenbeinknöpfen verziert. Die feine Rosette aus dünnem Furnier und geprägtem Pergament verarbeitet gotisches Stilmaterial

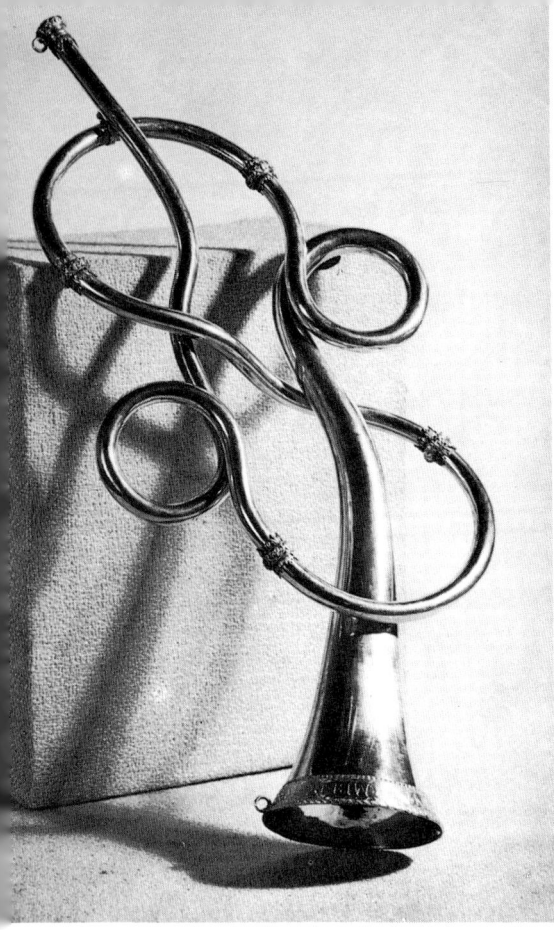

29 Diese labyrinthisch gewundene Trompete
gehört deutlich in die manieristische Stil-
epoche. Ihr verschlungenes Rohr scheint von
geradezu beängstigender Lebendigkeit und
Dynamik. Das vergoldete Messinginstrument
ist mit verzierten Silberknäufen versehen. An
der Stürze lesen wir in silbernen Lettern die
Inschrift: *MACHT ANTONI SCHNITZER
IN NURMBERG MDXXXVIII*

Ausführende mit: 8 Posaunen, 8 *viole d'arco*, 8 große Flöten, 1 Laute, 1 *instrumento da penna* (Cembalo?) und Vokal-
stimmen.

Instrumente werden gelegentlich mit unerhörtem Auf-
wand ausgestattet. So ist ein SPINETT des Mailänders Annibale Rossi mit 1928 Edelsteinen geschmückt und somit eines
der (materiell) wertvollsten Instrumente der Welt. Unter den
Edelsteinen finden wir: Türkise, Lapislazuli, Topase, Sma-
ragde, Saphire, Granatsteine, Perlen, Amethyste, Jaspis,
Karneole, Rubine. Das Spinett, vermutlich für die Mailän-
der Patrizierfamilie der Trivulzio angefertigt, befindet sich
im Victoria and Albert Museum in London [Bilder 25, 30].

Auf ungewöhnliche Weise ausgestattet ist auch ein anderes Spinett dieses Museums, das angeblich aus dem Besitz der
Königin Elisabeth von Böhmen stammt. Das mit Leder über-
zogene Instrument ist mit Email und bemaltem Murano-
Glas geschmückt, auf welchem mythologische Szenen dargestellt sind [Bilder 24 und 31]. Der italienische Bau von Kielklavieren stand damals in hohem Ansehen. Viele Instrumente waren Jahrhunderte später noch im Gebrauch. So sehen wir Mozart als Knaben an einem Spinett des venezianischen Instrumentenmachers Celestini aus dem Jahre 1583
sitzen [Bild 33]. Von Giovanni Celestini, zwischen 1583
und 1610 nachweisbar, sind heute noch sieben Instrumente bekannt. Zwei davon befinden sich in Wien, eines im
Kunsthistorischen Museum, wohin es aus Catajo kam, das
andere in der Sammlung des Autors. Letzteres ist 1589 datiert und somit das zweitälteste der noch existierenden Instrumente Celestinis. Der mit Elfenbeinknöpfen verzierte
Korpus ist fest in ein schlichtes, kräftiges Gehäuse eingebaut.
Die aus gepreßtem Pergament und dünnem Furnierholz ge-
schichtete reiche Rosette verarbeitet noch gotisches Form-
material! Das Gehäuse ist außen einheitlich dunkelgrün angestrichen. An der Innenseite des Deckels sind Malereien angebracht, die wohl etwas späteren Datums sind, aber noch
der manieristischen Epoche angehören [Bilder 27, 32, 34].

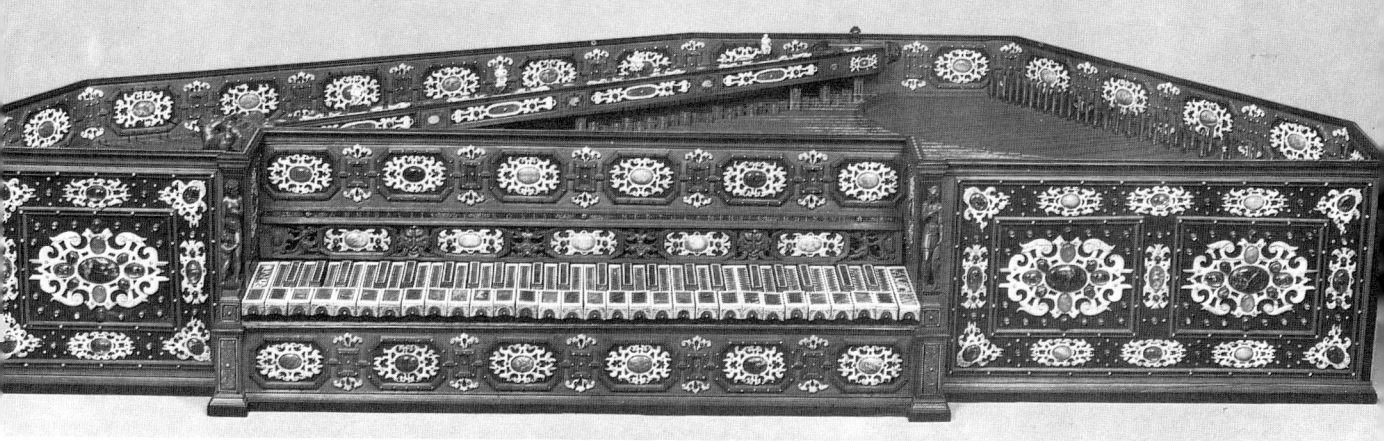

30 (oben) Spinett Annibale dei Rossis, mit
Elfenbein, Edelsteinen und Halbedelsteinen
garniert – das rein materiell wohl kostbarste
Instrument des Manierismus (Mailand, 1577)

31 (unten) Italienisches Spinett mit Muranoglas und Email verziert, das angeblich aus dem
Besitz der Königin Elisabeth von Böhmen
stammt. Das Instrument ist geradezu übersät
mit manieristischem Schmuck

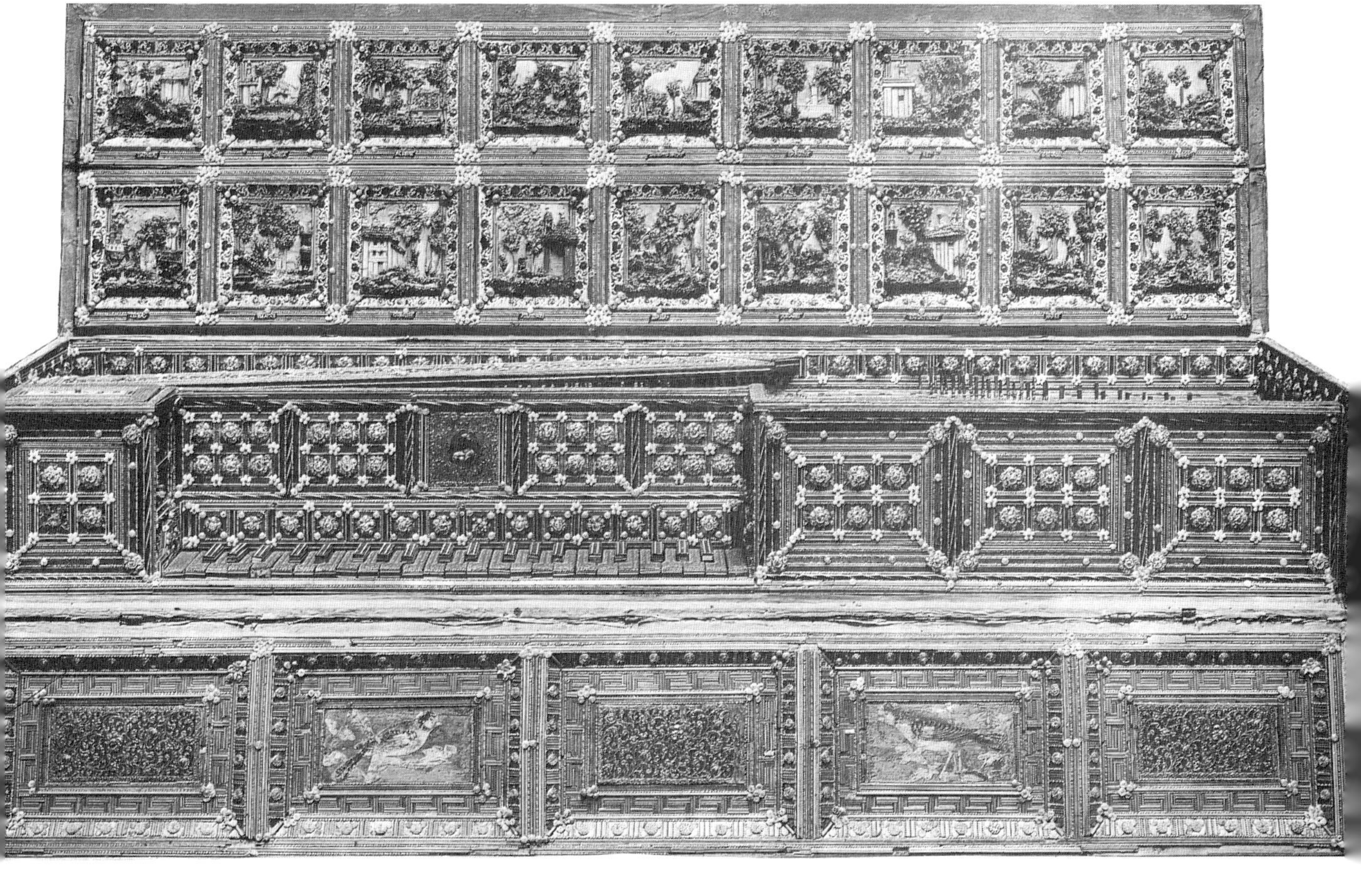

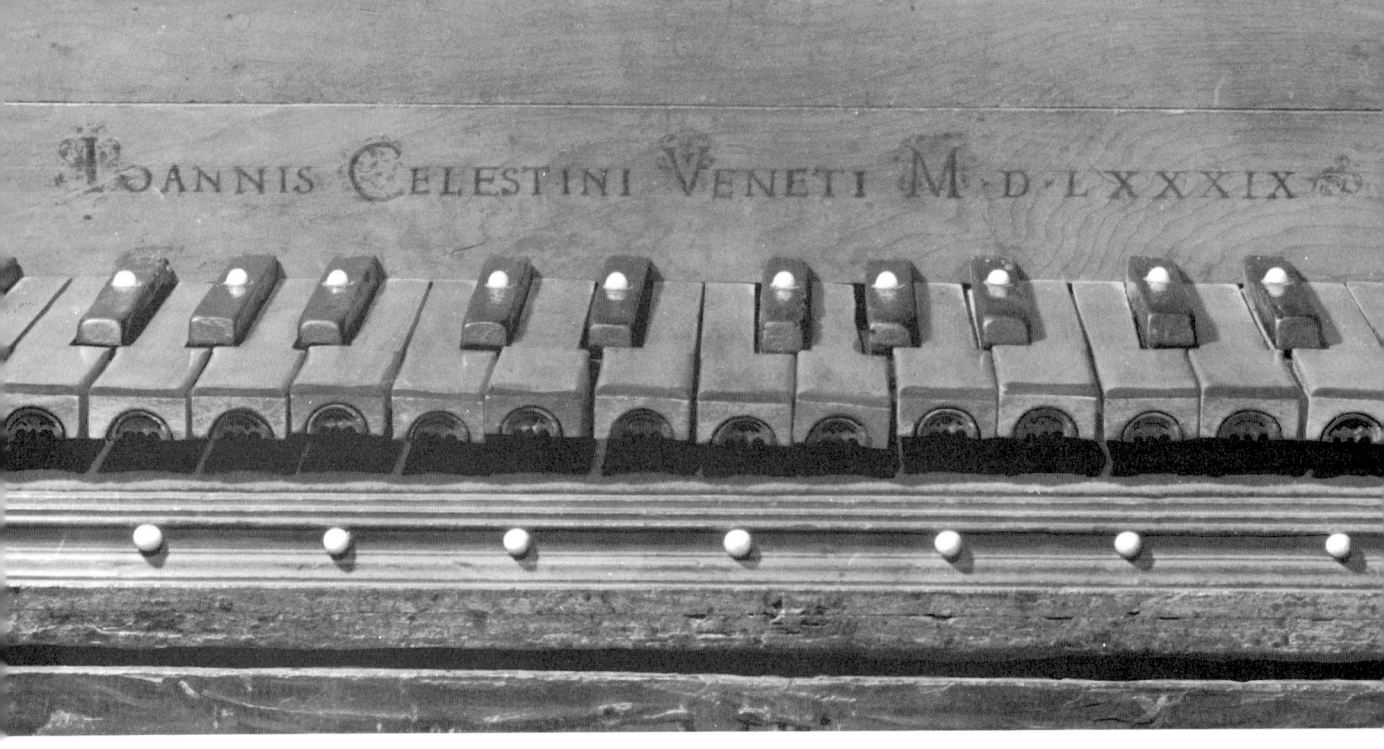

IOANNIS CELESTINI VENETI M·D·LXXXXIX

32 Dieses Detail aus Celestinis Spinett (Venedig, 1589) zeigt die mit Elfenbeinknöpfen verzierte Tastatur und das Vorsatzbrett mit dem Erzeugernamen: *JOANNIS CELESTINI VENETI MDLXXXIX*. Die spätgotischen Arkadenmuster an den Stirnseiten der Untertasten sind deutlich zu erkennen

Bereits in der zweiten Hälfte des 16. Jahrhunderts scheint der Bau von flämischen Kielklavieren bedeutende Formen anzunehmen. Die in Antwerpen ansässige Familie der Ruckers war für Generationen auf diesem Gebiete führend. Noch Händel besaß ein Ruckers-Cembalo. Der Ahnherr der Dynastie war Hanns Ruckers d. Ä., der 1575 in die Gilde von St. Lukas als „Clavisinbalmakerre" aufgenommen wurde. Diese handwerkliche und künstlerische Familientradition war übrigens eine Eigenheit jener Zeiten. Man denke nur an die Malerdynastie der Bassano, an die Bildhauerdynastien der Zürn und Schwanthaler u. a.

Das niederländische VIRGINAL (wohl von *virga* = Stöckchen, Docke) besitzt wie das italienische Spinett quer- bzw. schräglaufenden Saitenbezug und ein Register. Das Instrument verschmilzt aber in den Niederlanden mit dem verhältnismäßig hohen Kasten zu einem Rechteck. Die Klaviatur ist zurücktretend angelegt. Die Untertasten sind meist aus Bein und lassen das italienische Arkadenmuster vermissen. Der in der Regel aus Kiefernholz zusammengefügte Kasten ist außen oft mit ornamentiertem Handdruckpapier geschmückt. Die aus Blei gegossene Rosette wurde nachträglich mit Bronzefarbe überstrichen und zeigt innerhalb des Reliefs eines Harfe spielenden Engels die Anfangsbuchstaben des Erzeugernamens. Die Signatur ist nicht wie in Italien am Vorsatzbrett, sondern meist an der Vorderseite der Dockenleiste angebracht. Diese Dockenleiste hatte nach einer Inschrift des 16. Jahrhunderts die Aufgabe, *ut frenum equis* – wie der Zügel bei den Pferden – das Wegspringen der emporgeschleuderten Docken zu verhindern. Der Kasten steht wie in Italien frei auf dem Gestell. Der Resonanzboden ist mit Blumen und Fruchtmotiven bemalt. Die Innenseite ist auch hier meist bunt ausgemalt, wobei weniger mythologische als vielmehr Gesellschaftsszenen dargestellt werden. Die gehobene Umwelt, der das Instrument dient, die Welt der Damen und Kavaliere, wird bei Unterhaltung, Tanz und Spiel in Gärten und Parkanlagen gezeigt. Auf der nach un-

33 Mozart als Knabe an einem Spinett Giovanni Celestinis; Gemälde von Saverio dalla Rosa, 1770. Der Erzeugername ist deutlich am Vorsatzbrett zu lesen: *JOANNIS CELESTINI VENETI MDLXXXIII*

34 Spinett von Giovanni Celestini, Venedig, 1589, das zweitälteste erhaltene Instrument des Meisters, der zu den bedeutendsten Instrumentenbauern Italiens gehörte. Im Mittelfeld des bemalten Innendeckels die ruhende Venus, die von Putten geschmückt wird, links davon Amor. Im linken Feld bläst ein Putto in Heroldskleidung Trompete, im rechten betrachtet ein Affe interessiert Notenblätter. Die Bogenfelder zu beiden Seiten werden von weiblichen Karyatiden abgeschlossen. Das bizarre Untergestell mit Seeungeheuern und Muscheln ist späteren Datums (um 1700)

ten klappbaren Deckplatte findet sich ein besinnlicher Spruch, wie etwa: *Sic transit gloria mundi*; *Musica dulce laborum levamen*; *Musica donum Dei*; *Musica magnorum est solamen dulce laborum*; *Omnis spiritus laudet Dominum in cordis et organo*. Musikinstrumente dieser Art versinnbildlichen die jener Zeit so gemäße Vorstellung eines „Gesamtkunstwerks", indem sie Ton, Form, Farbe und Gedanken miteinander verbinden.

Im Museum of Fine Arts in Boston befindet sich ein schönes, 1610 datiertes Virginal [Bild 35] von Andreas Ruckers

35 Dieses Virginal in der üblichen rechteckigen Kastenform wurde 1610 von Andreas Ruckers d. Ä., dem Stammvater einer Dynastie weltberühmter Kielinstrumentenbauer erbaut. Die Ruckers-Instrumente erfreuten sich einst ähnlicher Hochschätzung wie heute Geigen von Stradivari oder Guarneri

38

d. Ä. (1579 in Antwerpen geboren). Er war ein Sohn von Hanns Ruckers d. Ä., dem Ahnherrn der Dynastie.

Das Virginal erfreute sich anscheinend in England besonderer Wertschätzung, wo der Name gewöhnlich vom lateinischen *virgo* = Jungfrau – mit Bezug auf die „jungfräuliche Königin" Elisabeth – abgeleitet wurde, die nach zeitgenössischen Quellen das Instrument hervorragend beherrschte. Eines ihrer Virginals befindet sich heute im Victoria and Albert Museum [Bild 37].

Eigenartige Klavierinstrumente sind die damals beliebten GLÖGGLEN-WERKE, das sind Glockenklaviere, „Hausinstrumente zum Spielen geistlicher Weisen". Ein Satz gestimmter Glöckchen aus Metall, Porzellan, Glas usw. wird mittels eines Tastenmechanismus mit Klöppeln angeschlagen. Vielleicht eine Anlehnung an die großen Turmglockenspiele, die vor allem in den Niederlanden so verbreitet waren.

Im Dresdner kurfürstlichen Musikinstrumenteninventar aus dem Jahre 1593 finden wir „ein Instrument mit Glöcklein, gehen aber auch nicht alle claves an". Curt Sachs veröffentlichte den Bericht des Reisenden Philipp Hainhofer, der 1617 besuchsweise am Berliner Hofe weilte. Die fürstliche Gnaden (der 14jährige Prinz Joachim Siegismund) hat ihn „bey der Hand umb gefuert" und „ihr Glögglen-Werk, darauf sie Psalmen spilen künden, gezaigt".

In der Kunst- und Wunderkammer von Schloß Ambras befand sich ein solches Glockenklavier, das heute in Wien im Kunsthistorischen Museum aufbewahrt wird. Im Ambraser Inventar von 1596 wird es als „Ain instrument von glaszwerch" bezeichnet. Es handelt sich wohl um eine Tiroler Arbeit aus der zweiten Hälfte des 16. Jahrhunderts. Die Glocken, die im Ambraser Inventar von 1821 noch erwähnt wurden, fehlen heute alle. Im Innern des Holzkastens befindet sich nur mehr der Spielmechanismus. Mit Filzstreifen versehene Klöppel werden durch den Tastenmechanismus hinaufgeschnellt. Die dreieinhalb Oktaven umfassende Klaviatur (wohl C–a'') tritt nach italienischer Art aus dem Ge-

36 Die Titelseite von *Parthenia*, der ersten im Notenstich hergestellten Sammlung für Tasteninstrumente, London, 1611. Die Sammlung enthält Kompositionen von William Bird, John Bull und Orlando Gibbons. Zahlreiche Bilddarstellungen des 17. Jahrhunderts lassen erkennen, daß das Virginal ein bevorzugtes Dameninstrument gewesen ist

37 Hexagonales italienisches Spinett ohne Überkasten. Das die Devise und das Wappen Elisabeths I. tragende Instrument dürfte wohl aus dem Besitz der Königin stammen. Wie man sieht, hat das Virginal selbst in England das Spinett nie völlig verdrängt

häuse heraus. Oberhalb der Tasten, an der Vorderseite, erblicken wir zwischen Mars und Minerva (Symbole des Krieges und der Künste) das Wappen des Erzherzogs Ferdinand von Tirol, für den das Instrument bestimmt war [Bild 38].

Aus Schloß Ambras stammen auch einige andere, höchst kostbare Instrumente der Wiener Sammlung. Das auf einer Anhöhe nahe bei Innsbruck gelegene Schloß war der Lieblingsaufenthalt des Erzherzogs Ferdinand. Stephanus Venandus Pighius, der Reisebegleiter des Prinzen Karl Friedrich von Cleve, gibt uns 1574 in seinem *Hercules prodicius* eine beredte Beschreibung. Er nennt Ambras „ein Schloß, gleich einem Palaste, eine stattliche Villa von sehr zierlicher Gestalt, und in der schönsten Lage, mit Bildern und fürstlichem Hausrath". Dann bewundert er „die zierliche Einrichtung, Höfe, Hallen und Speisesäle, mit Teppichen, Statuen, Bildern ausgeschmückt". Auch die Umgebung des Schlosses diente der Lustbarkeit: „In den aufs beste gepflegten Gärten erblickt man Paradiese, Labyrinthe, allerlei Grotten, den Wassernymphen geheiligt, und mit künstlichen Quellen bewässert." Dann wieder werden die damals üblichen Neckereien beschrieben: „Ein runder Tisch, unter welchem Räder angebracht sind, die vom Wasser getrieben werden, und mittels welcher man den Tisch samt den Gästen, bald sachte, bald rasch herumdrehen, allenfalls auch die Leute schwindlig machen kann." Weiter wird der Chronist zu einem „Heiligthum des Weingottes ... eine gewaltige, finstere Höhle im Felsen" geführt. In einer Welt wie dieser, die das Besondere, die *maraviglia* suchte, wurden natürlich auch wunderbare Musikinstrumente geschätzt und gesammelt.

Die Ambraser Instrumentenkammer, die den Grundstock der heutigen Wiener Sammlung bildete, hat uns einige der seltensten, seltsamsten und auch kostbarsten Musikinstrumente beschert, die es heute gibt. Dabei bildete die Instrumentensammlung nur einen Teil der Sammlungen. Seit dem Tode seiner geliebten Gemahlin Philippine Welser hatte Ferdinand das Schloß immer mehr zu einem Museum ausgebaut. Eine wertvolle Bibliothek, eine Münzensammlung, Waffensammlung, Porträt- und Gemäldesammlung, eine Sammlung vieler Arten „seltener und monströser Tiere, Geweihe und Knochen", eine Antikensammlung, Plastiken-

38 Glockenklavier aus Schloß Ambras. Das ganze Instrument ist mit Ölfarben auf weißem Grund bemalt, vermutlich von dem Flamen Dionys von Hallert, der in Ambras auch den spanischen Saal ausgeschmückt hat

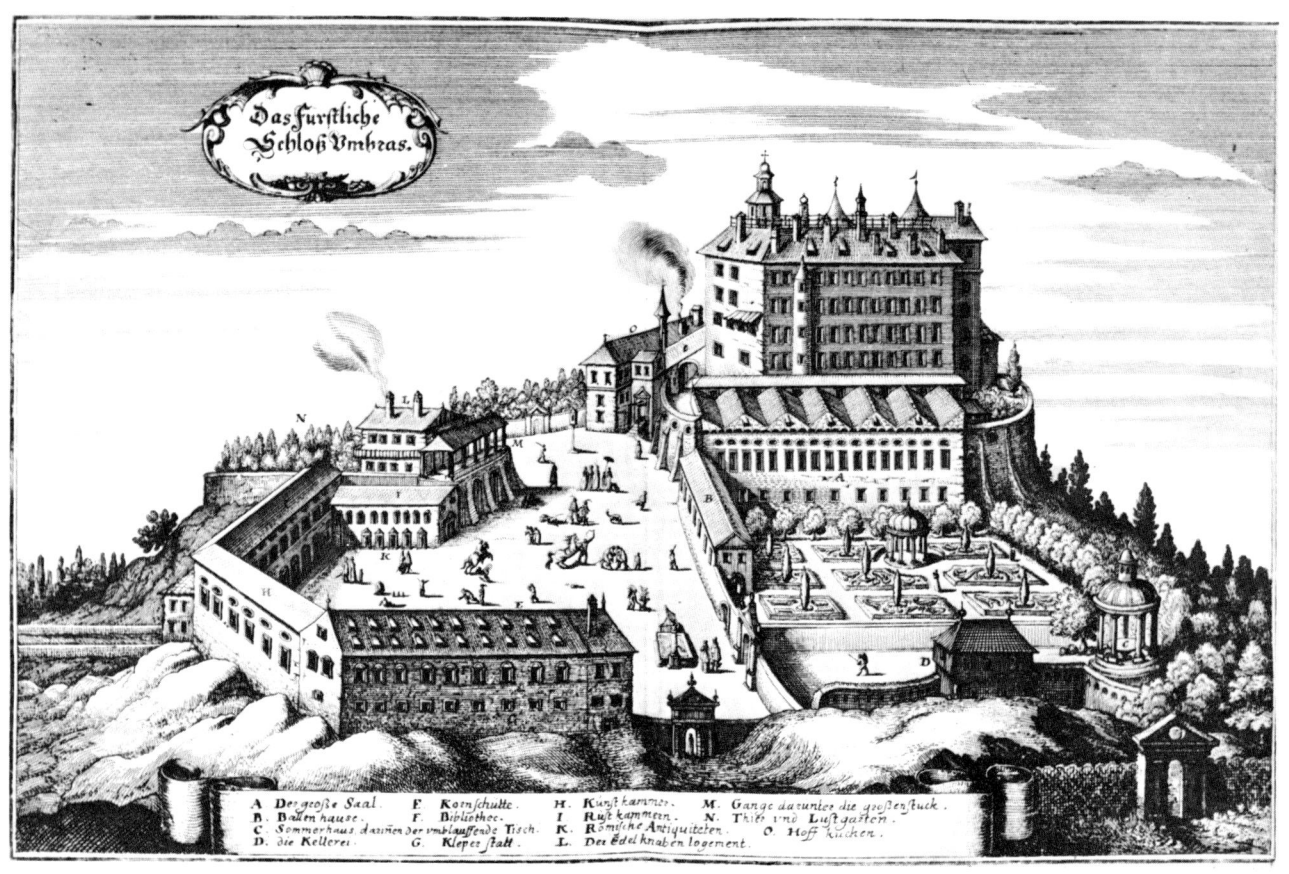

Das fürstliche Schloß Umbras.

A. Der große Saal.   E. Kornschütte.   H. Kunstkammer.   M. Gänge darunter die großen stuck.
B. Ballen hause.   F. Bibliothec.   I. Rust kammern.   N. Thier und Lustgarten.
C. Sommerhaus darinn der umblauffende Tisch.   K. Römische Antiquiteten.   O. Hoff Kuchen.
D. die Kellerei.   G. Klepes stall.   L. Der Edel knaben logement.

39 Kupferstich von Schloß Ambras, der
Lieblingsresidenz Erzherzog Ferdinands. Das
Schloß steht auf einer Anhöhe bei Innsbruck.
Der weitläufige Gebäudekomplex beinhaltet
u. a. „Kellereien, Kornschütte, Bibliothek,
Rüstkammern, röm. Antiquitäten, Edelknaben-
logement, Tier- und Lustgarten".
Im Vordergrund rechts das Sommerhaus (C)
mit dem Drehtisch. In der Kunstkammer (H)
im Vordergrund links war die Musikinstrumentensammlung untergebracht

sammlung, Sammlung kunstgewerblicher Gegenstände aller
Art aus Horn, Holz, Elfenbein, Ton, Wachs, Pappe, Schmelz-
werk, Perlmutter usw. Kostbarkeiten und Kleinodien aus
Gold, Silber usw., Glasgemälde und Glasarbeiten, Uhren,
mathematische Instrumente, mechanische Kunstwerke,
türkische, indische und chinesische Gegenstände, silberne Trinkbecher, Gefäße aus Bergkristall, geschnittene
Steine, Handschriften, Bücher, Kupferstiche und Holz-
schnitte usw. — Im vierten, sog. „weißen" Kasten der Kunstkammer, die im tiefgelegenen Unterschloß lag, wurde die
Instrumentensammlung aufbewahrt. In einem Inventar aus
dem Jahre 1596 finden wir u. a.:

Ain instrument, so ain real und posidif ist, darauf ist der frösch-
danz und voglgesang und andere mer registern.
Ain instrument, so ain pretspil darinnen ain regal mit seinen zue-
gehörungen.
In ainem fueteral 5 tardöld, wie dracken geformiert.
Mer ain grosse selczame lauten mit zween krägen und drei stern.
Ain ganz silberne trometen, die absecz vergult.
Mer ain zitter, an kragen die Lucretia Romana geschnitten.

— alles Instrumente, bei welchen die Ausstattung etwas Besonderes, eine *maraviglia* verriet.

In einem anderen seiner Schlösser, in Ruhelust, hatte der
Erzherzog eine mehr für den praktischen Gebrauch bestimmte Musikkammer, über welche uns dasselbe Inventar
von 1596 Auskunft gibt. An die 250 Instrumente (Trompeten, Pauken, Posaunen, Flöten, Violen, Lyren, Lauten,
Klavichorde, Dolziane, Schalmeien etc.) sind verzeichnet
und „6 truchen zu instrumenten zum raisen zu gebrauchen".

Das „instrument, so ein pretspil", vereinigt nicht nur
Musik und Spiel, sondern auch noch zwei Arten von Tasteninstrumenten in sich: SPINETT und REGAL. Solche Kombina-
tionen, CLAVIORGANA oder ähnlich genannt, waren damals
nicht selten. Vor allem die kunstreichen Städte Nürnberg
und Augsburg scheinen derlei erzeugt zu haben. Das in zwei
Teile sich öffnende Spielbrett enthält ein Schachspiel, ein
Mühlespiel und schließlich das Puffspiel oder Trick-track
[Bild 42]. Dies ist eine klassische Kombination, die sich auch
noch Jahrhunderte später findet. Das Spielbrett ist eine wun-
derschöne, sorgfältige Holzintarsienarbeit; in der linken
Hälfte liegt ein kleines, von zwei Blasebälgen mit Luft verse-
henes Regal, in der rechten ein Spinett. Das REGAL ist eine
Kleinorgel, die nur Zungenstimmen enthält. Der Klang ist
nasal und schnarrend, weshalb es auch gelegentlich als
„Schnarrwerk" bezeichnet wurde. Es spricht vor allem in der
Mittel- und Baßregion schön an, die Höhe ist um vieles heik-
ler und klanglich unbefriedigender. (Wir kennen das Klein-
regal auch in der Bibelform, nach Praetorius „zu Nürnberg
und Augsburg ernstlich erfunden".) Das SPINETT ist ein so-

40 Erzherzog Ferdinand von Österreich
(1529–1595)
41 Schallbecher einer Trompete von Anton
Schnitzer, Nürnberg, 1581, aus der Ambraser
Sammlung. Das Instrument besteht aus Silber
und hat vergoldete Knäufe und Beschläge.
Auf dem Schallbecher sind musizierende
Frauengestalten eingraviert

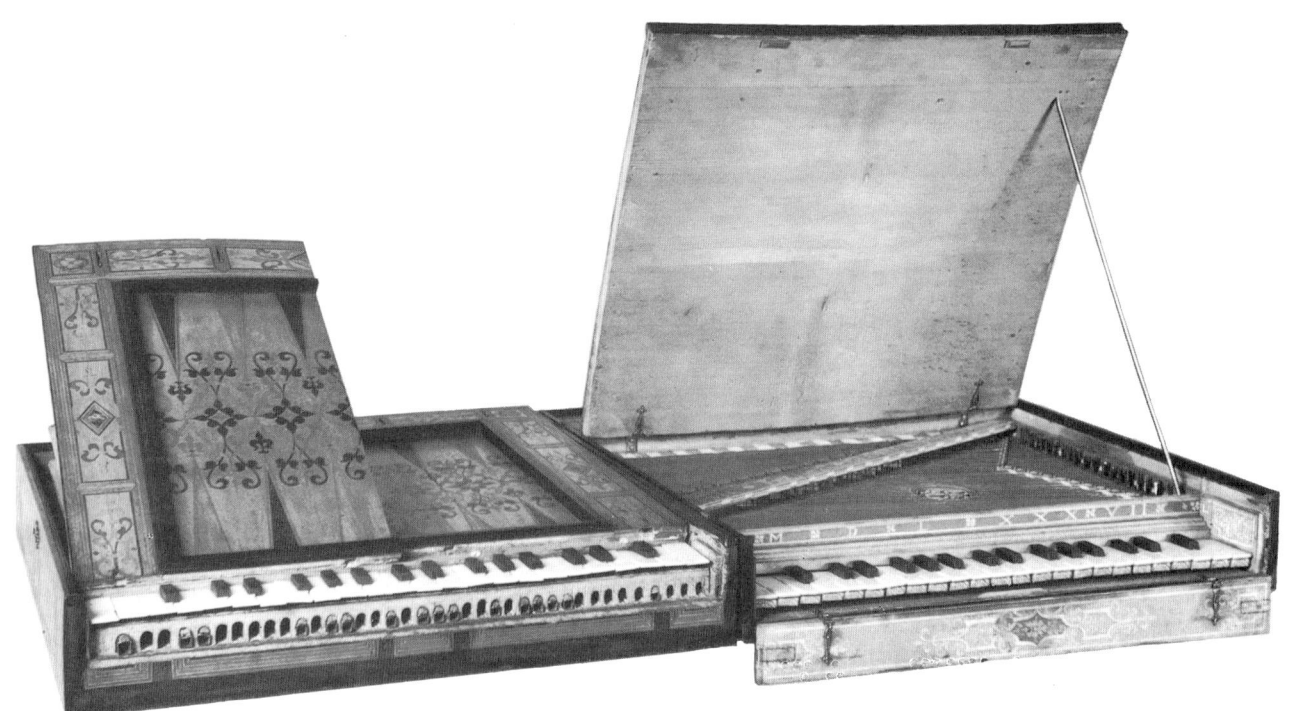

42 Eine Kombination von Spinett, Regal und Spielbrett aus der Ambraser Sammlung. Links das Regal mit Wechselbälgen, rechts das Oktavspinett. Auf der Dockenleiste steht in weißen Buchstaben: *SIC TRANSIT GLORIA MVNDI*. Die Wandleiste über den Tasten trägt die Jahreszahl *MDLXXXVII* und auf der Rückseite die Inschrift: *ANTHONIUS MEIDLING AUGUSTANUS FECIT ANNO DOM. 1587 MENSAE DECEMBRIJ*

43 *(rechte Seite)* Spielsaiten des Regals aus Stift Kremsmünster. Blick auf die zwei Regalregister aus Holzpfeifen. Dahinter befindet sich ein Prospekt mit metallenen Labialpfeifen. Doppeltes Manual. Zu den beiden Seiten des oberen Manuals drei Registerknöpfe. Der Druckknopf unterhalb des Fauns bzw. der Faunin dient der Betätigung von Scherzregistern. Die Orgel war Eigentum eines Garstener Abtes, der sie, zusammen mit seinem Kammerorganisten, nach Kremsmünster mitbrachte

genanntes „Oktavspinett", das eine Oktave höher klingt als die gewöhnlichen Spinette.

In diesem Zusammenhang sei auch ein ORGELPOSITIV süddeutscher Herkunft um das Ende des 16. Jahrhunderts erwähnt [Bild 43]. Eine Besonderheit stellt die Kombination von Zungen- und Labialstimmen wie auch die Zweimanualigkeit dieses Positivs dar. Die Orgel ist janusköpfig und hat zwei Prospekte. An der Rückseite sind die metallenen Labialpfeifen, an der die Klaviatur enthaltenden Vorderseite die Zungenpfeifen zu sehen. Zu beiden Seiten der in Perlmutter und Palisander eingelegten Klaviatur sind je eine geschnitzte und bemalte Figur angebracht. Links eine männliche, gehörnte, rechts eine weibliche Faunsgestalt. Druckknöpfe in der Nähe der Figuren dienen zur Betätigung von Scherzregistern: links kann eine mächtig dröhnende Borduntrompete sowie eine Dudelsackquint eingeschaltet werden, rechts ertönt ein sanfter Kuckucksruf. Anzeichen lassen erkennen,

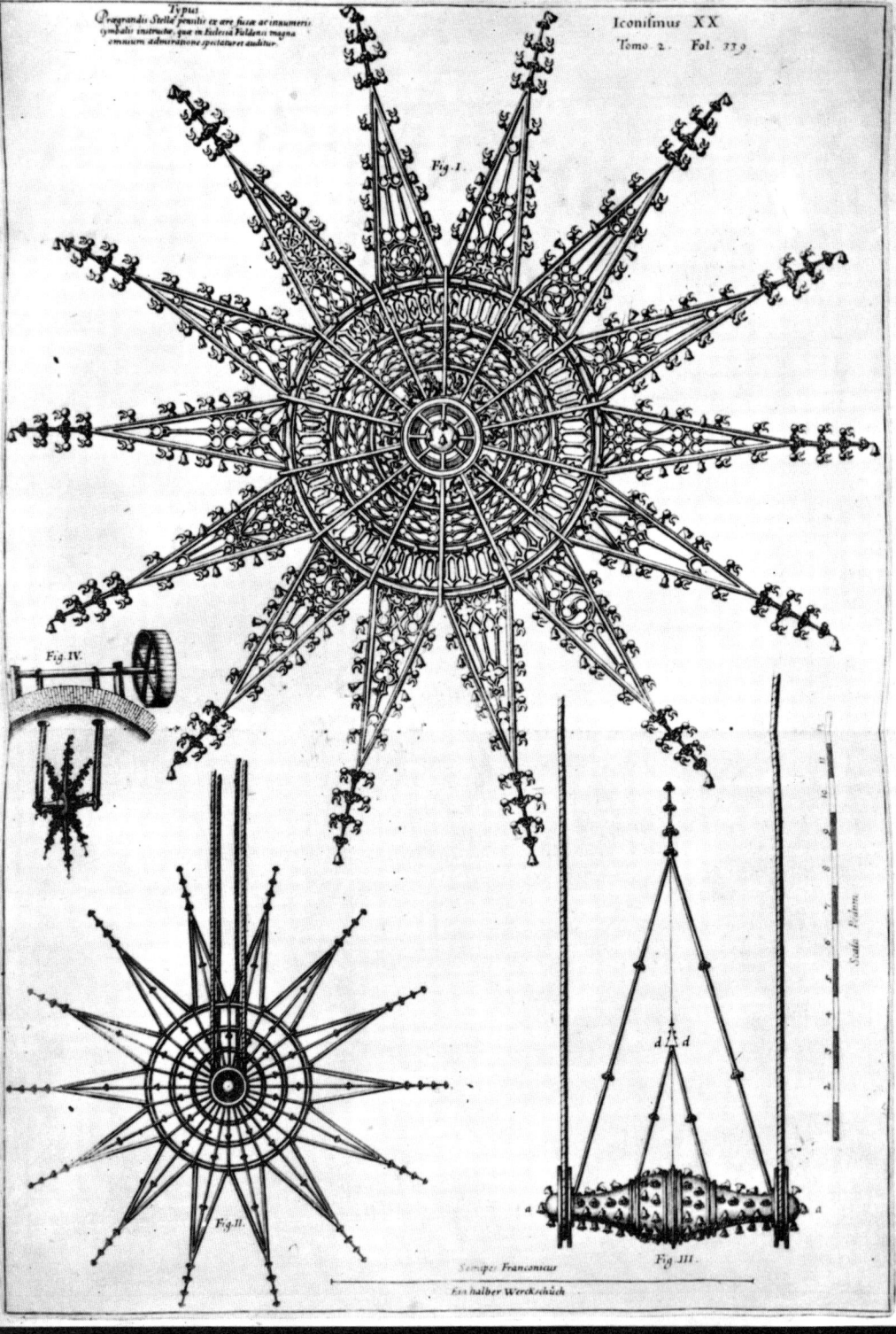

Typus

Pragrandis Stellæ penilis ex ære fusæ ac innumeris cymbalis instructæ, quæ in Ecclesiâ Fuldensi magnâ omnium admiratione spectatur et auditur.

Fig. I.

Fig. IV.

Fig. II.

Fig. III.

d   d

a   *a*

Scala Pedum

Semipes Franconicus

Ein halber Werckschuch

daß die Figuren ursprünglich auch Instrumente (vermutlich ein Hirtenhorn und eine Flöte) hielten, die durch einen Mechanismus bewegt werden konnten. Solcherlei eingebaute Scherzregister waren damals nichts Ungewöhnliches. Sie umfaßten Cimbelglocken, Sternglocken durch alle Töne, Vogelgesang, Fuchsschwanzzug („Ist ein würcklicher Fuchsschwanz, der die Vorwitzigen beschämt: und wenn das Register herausgezogen, ist derselbe mühsam wieder hineinzubringen"), Heertrummel, Pauke, Adler, Sonne, Nachtigall, Kuckuck, Tamburo u. a. Später hat das Klavier diese Tradition weitergeführt. Mozarts *Rondo alla Turca* ist für ein Klavier mit eingebautem Trommel- und Beckenzug gedacht.

Das kostbarste und prächtigste Instrument der Ambraser Kunstkammer war aber wohl die eigens für Erzherzog Ferdinand angefertigte CISTER [Bild 45]. Der Erbauer ist Girolamo de Virchis, der als *Citeraro* zwischen 1563 und 1568 in Brescia nachweisbar ist und zu den berühmten italienischen Geigenbauern, wie G. P. Maggini und Gaspar da Salò, in enger Beziehung stand. Die Ambraser Cister ist die einzige bekannte Arbeit unseres Meisters. Die Cister, ein beliebtes Zupfinstrument des 16. bis 18. Jahrhunderts, hat sich vermutlich aus der gezupften Fidel heraus entwickelt. Charakteristisch für sie sind der birnenförmige Umriß des Korpus, flache Decke und flacher Boden, mehrchörige Metallsaitenbespannung und Bünde. Das Instrument wird mittels der Finger angezupft. Die erlesene Kostbarkeit der Ausführung ist hier wohl auf den hohen Auftraggeber zurückzuführen. Der Korpus aus edelstem Palisander ist mit leuchtend rotgelbem Bernsteinlack gefaßt und über und über mit Ornamenten und Figuren geschmückt. Das Ende des Wirbelhalters wird durch die nackte Büste der Lukretia gebildet, die dem Maul eines Drachen entspringt. Die zierlich frisierte und mit Halskette und Perlen-Ohrgehängen elegant geschmückte Dame ist gerade dabei, sich den Dolch in den Busen zu bohren. Die Rückseite des Halses zeigt eine nackte Frauengestalt und ein auf einem Fratzengesicht auf-

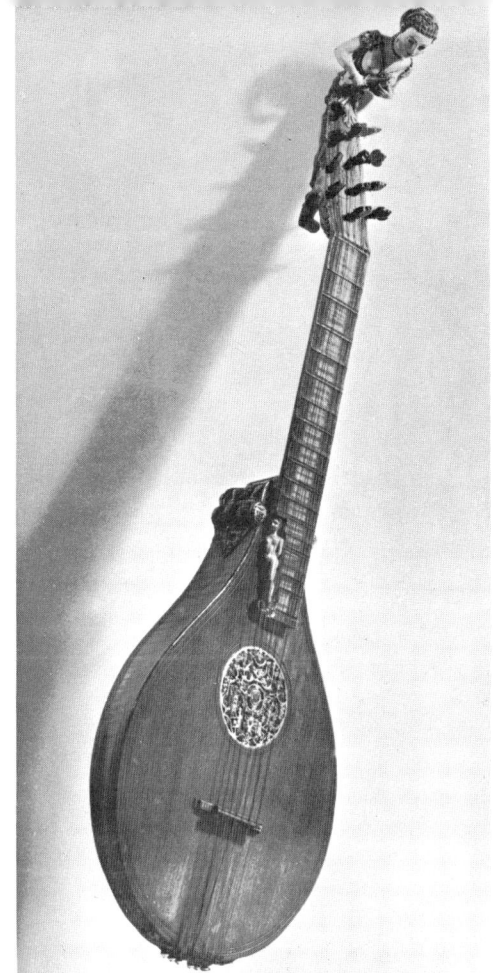

45 Diese für Erzherzog Ferdinand angefertigte Cister war vermutlich weniger zum Gebrauch denn als Kleinod für die Kunstkammer gedacht

44 (*linke Seite*) Riesiger vierzehnzackiger Zimbelstern in spätgotisch orientalisch-bizarren Formen, mit unzähligen Glöckchen versehen. Eine Erinnerung an uralte Klangmagie, wie sie heute noch in den Ministrantenglöckchen des katholischen Gottesdienstes nachwirkt. Dieser Zimbelstern erregte Bewunderung bei allen, die ihn während des 17. Jahrhunderts in der Kirche in Fulda sahen und hörten. – Abbildung aus Athanasius Kirchers *Musurgia Universalis*, Rom, 1650

sitzendes echsenartiges Ungeheuer, dessen ornamental eingerollte Nase dem Spieler als Daumenhalter dient. An der Ansatzstelle des Griffbrettes ist ein nacktes, aus einem Füllhorn herauswachsendes Weiblein dargestellt. Auch die Rosette ist mit bunt bemalten Ornamenten und Grotesken versehen. Wir erkennen zwei nackte Putten, einen geflügelten Puttenkopf, vier Sphinxen, zwei Fratzengesichter und den rot bemalten Tiroler Adler. Am Abschluß der fächerartig eingelegten Rückseite befindet sich über einem Puttenkopf das Wappen Ferdinands, über das zwei nackte weibliche Halbfiguren den Erzherzogshut halten [Bilder 45 und 67].

Die MANDOLA oder MANDORA ist ein kleines, lautenartiges Instrument. Im Gegensatz zum Knickkragen der Laute hat sie aber einen geschweiften Wirbelkasten. Der Bezug ist meist vierchörig. Eine aus der zweiten Hälfte des 16. Jahrhunderts stammende Mandora des Victoria and Albert Museum ist französischer Provenienz [Bild 46]. (Noch 1618 sagt Praetorius, daß dieses Instrument sich in Frankreich besonderer Beliebtheit erfreue.) Sie ist in der älteren Bauart konstruiert, die wir heute beispielsweise noch in Borneo vorfinden. Der birnenförmige Korpus ist – wie bei dem mittelalterlichen Rebec – aus *einem* Stück Holz geschnitten und nicht – wie bei der Laute – spanweise aneinandergefügt.

Die LAUTE stammt in Form und Namen vom arabischen *al'ud* ab. Durch die Mauren und Sarazenen eingeführt, wurde sie eines der beliebtesten Instrumente des 15. bis 17. Jahrhunderts [Bild 47]. Ihr stets birnenförmiger Korpus ist aus flachen Spänen zusammengesetzt. Die ebene Decke trägt eine Schallöffnung mit meist schön verzierten Rosetten. Die Birnenform ist von ausgewogener, klassischer Schönheit, und wesentliche Veränderungen sind hier strukturell nicht möglich. Da auch das Anbringen von Schnitzwerk bei dem leichtgebauten, grazilen Instrument ausgeschlossen ist, greift man oft zu kostbaren und seltenen Materialien. So gibt es Lauten, die aus Elfenbein- oder gar Schildpattspänen zusammengefügt sind, wie das Instrument von

Burkholtzer im Wiener Kunsthistorischen Museum [Bild 49].

Immer wieder hören wir von Laute spielenden Malern, vor allem in Italien, vielleicht hat hier die Schönheit der äußeren Form die Instrumentenwahl beeinflußt. Von Giorgione berichtet Vasari: „Über alle Maßen gefiel ihm der Klang der Laute, so daß er zu seiner Zeit so göttlich darauf spielte, daß man ihn häufig zu verschiedenen Musiken heranzog." Sebastiano del Piombo scheint fast mehr musiziert als gemalt zu haben, so daß „nach dem Bericht vieler nicht die Malerei Sebastianos vornehmste Betätigung war, sondern die Musik, denn über das Singen hinaus vergnügte er sich sehr mit dem Spiel verschiedener Instrumente, besonders aber der Laute".

Zu den berühmtesten Erbauern von Streich- und Zupfinstrumenten gehörten die Tiefenbruckers, die wahrscheinlich aus dem deutschen Füssen stammen. Sie arbeiteten alle im Ausland. Wendelin Tiefenbrucker ist zwischen 1551 und 1611 in Padua nachweisbar; Magno Tiefenbrucker (oder verwelscht Dieffopruchar) – hier scheint es einen Jüngeren und einen Älteren gegeben zu haben – war nachweislich zwischen 1557 und 1611 in Venedig ansässig. Schließlich ist der in Lyon arbeitende und gegen 1570 dort verstorbene Kaspar Tiefenbrucker (Gaspard Duiffoproucart) zu erwähnen. Eines der kostbarsten Werke der „Lutherie" ist seine für Franz I. von Frankreich gebaute VIOLA DA GAMBA.

Die GAMBE ist ein Streichinstrument mit meist sechssaitigem Bezug, oben spitz zulaufendem Korpus, relativ hohen Zargen, gewölbter Decke, flachem Boden und Bünden. Sie trat zunächst als Baßinstrument auf und wurde erst später auch in Kleinform gebaut. Die „Violen spanischer Musiker, fast so groß wie ich selbst", die Bernardo Prospero 1493 in Mantua sah, waren sicher schon Gamben.

Das Instrument Franz I. ist unter dem Namen *Viole au plan de la ville de Paris* bekannt, sein Boden ist in Marketerie-Technik mit einem Vogelschaubild der Stadt Paris geschmückt [Bilder 50 und 51]. Ein wahrhaft königliches In-

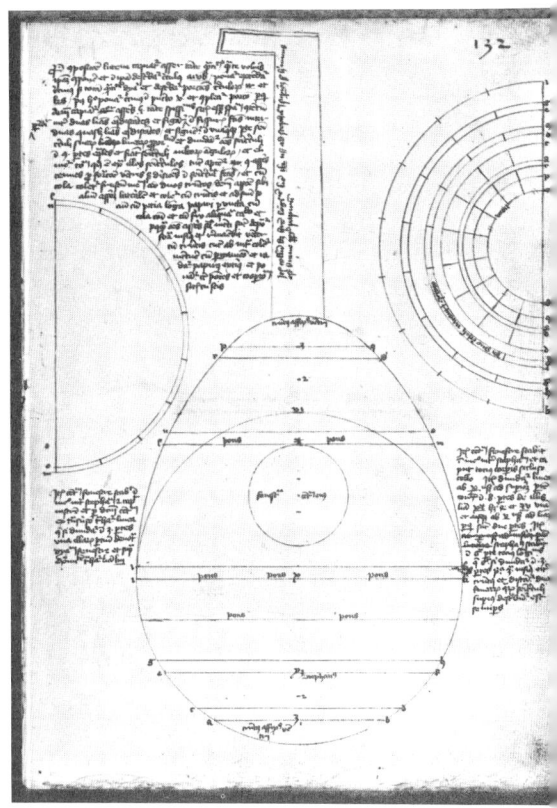

47 Bauplan einer Laute um 1435. Formal gehört diese aus dem Orient stammende Laute zu den vollkommensten Instrumenten. Ihre Birnenform ist von zeitloser Ausgewogenheit

46 *(linke Seite)* Die Rückseite dieser französischen Mandora aus der zweiten Hälfte des 16. Jahrhunderts ist gänzlich mit Reliefornamenten überdeckt. Die drei nackten Frauengestalten in der Mitte sind an ihren Attributen als Juno, Diana und Venus (mit Amor) zu erkennen. Die Rückseite des Wirbelkastens endet in einem geschnitzten Medusenhaupt

strument, wie geschaffen für den in Kriegs- und Liebeskünsten erfahrenen *roi-chevalier*, einen brillanten Causeur und Gelegenheitsdichter, der mit anderen italienischen Künstlern auch Benvenuto Cellini nach Paris brachte.

Eine etwas schlichtere Gambe Kaspar Tiefenbruckers im Gemeindemuseum in Den Haag [Bild 52] trägt am Griffbrett den schönen Sinnspruch:

VIVA FVI IN SILVIS SVM DVRA OCCISA SECVRI
DVM VIXI TACVI MORTVA DVLCE CANO

(Lebend stand ich in Wäldern, dann fällten mich grausame Äxte. / Als ich lebte, schwieg ich. Tot nun singe ich süß.)

48 Allegorie des Mondes, von Hendrik Goltzius (1558–1617). Luna, in der Gestalt Dianas mit Bogen und Jagdhunden, kneift einen Laute spielenden Kavalier zu ihrer Rechten ins Bein. Die milde Mondscheinlandschaft ist von Brunnen durchrauscht und von schwärmerischen Liebespaaren bevölkert. Seit je wurden dem Mond Wasser (wegen des Zusammenhangs von Flut und Ebbe mit den Mondgezeiten und wegen der Feuchte der Nacht) und Liebe zugeordnet

– ein ergreifender Hinweis darauf, daß in den meisten Instrumenten die Substanz getöteter Pflanzen oder Tiere zum Klingen kommt. Zugleich auch eine – wohl unbewußte – Anspielung auf alte Klangmagie, wonach die Musik stets ein Lied des „anderen" Lebens singt.

Höchst eigenartig sind die SÄULENFLÖTEN, die sich in Brüssel und Paris befinden – ein Beispiel dafür, wie im Manierismus architektonische Formen auch auf andere Gebiete übertragen wurden. Möbel, Schatullen und Gebrauchsgegenstände aller Art geben sich architektonisch: Das Nicht-Entsprechende als staunenerregendes Kunstmittel. Hier ge-

49 (unten links) Der Korpus dieser Laute ist aus 21 Elfenbeinspänen zusammengefügt. Im Innern findet sich auf einem handgeschriebenen Zettel die Signatur: *Hanns Burkholtzer, Lauten/macher in Fiessen 1596*
50, 51 (unten rechts) *Viole au plan de la ville de Paris,* für François I. gebaut. Die Decke dieses Instruments ist in Marketerietechnik mit Libellen, Vögeln, Blumen und Chinoiserien übersät. Die Rückseite zeigt Paris aus der Vogelschau und darüber auf einer Wolke St. Lukas mit seinem Stier. Der Wirbelkasten endet vorn in einem Tier-, rückwärts in einem Menschengesicht

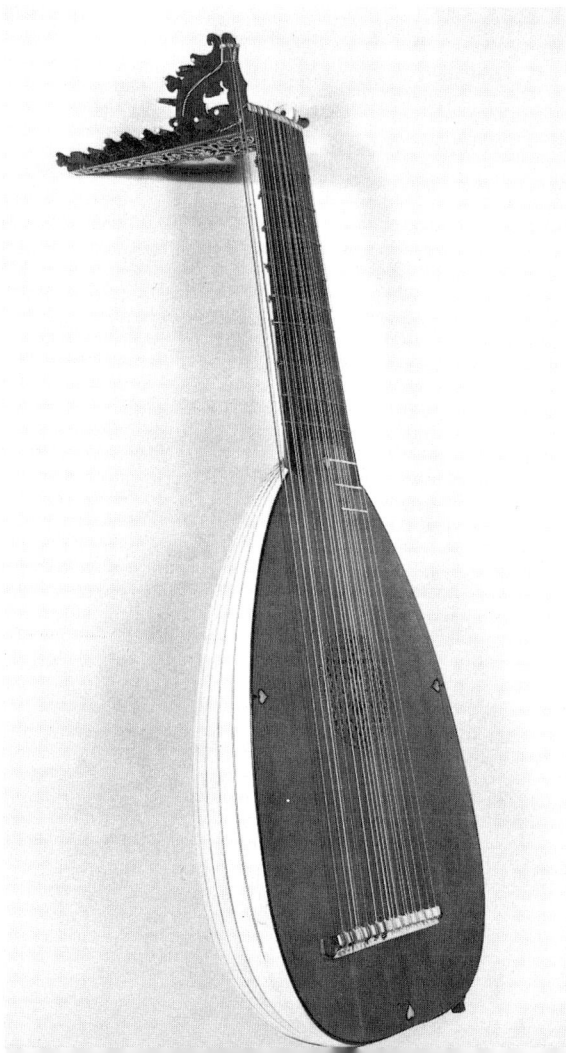

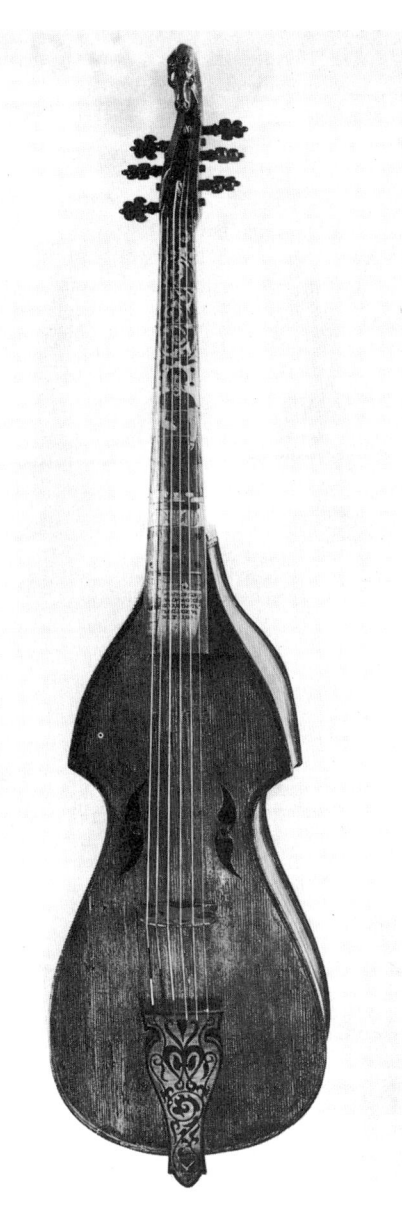

52 Viola da Gamba von Kaspar Tieffenbrucker
mit eigenartigem, ungewöhnlich schlankem
und bizarrem Korpus

ben sich Blockflöten als klassische Säulen mit Basis und Ka-
pitell [Bild 53].

Ein Kuriosum des Instrumentenbaus stellt der in der Ambraser Kunstkammer vertretene Typ der RACKETTE oder
RANKETE dar. Man versuchte hier, die für die Baßregion
notwendige Korpuslänge von Doppelrohrblattinstrumenten
auf kleinstmöglichen Raum zusammenzudrängen. Die Win-
dungen oder Bündelungen sind hier gewissermaßen in eine
enge Büchse zusammengepreßt, was zu der charakteristischen
Bezeichnung *Cervelas* oder „Wurstfagott“ führte. Die Ambraser Instrumente [Bild 54] sind ganz aus Elfenbein und er-
scheinen im Inventar von 1596 als „zwei helfenbaine gleiche
tartaldi“, wodurch sie mit den schon auf Seite 43 erwähnten
Tartölden in Zusammenhang gebracht werden, Schalmei-
instrumenten, die im Dracheninnern eine vielfach gewundene Röhre haben. Durch die Büchse ist nun eine spiralen-
förmige Bohrung so gelegt, daß die totale Röhrenlänge mehr
als neunmal so groß wie die Gesamtlänge der Büchse ist. Die
vielfache Krümmung und Zusammenstauchung ergibt einen
verhältnismäßig leisen Klang. „An Resonanz seind sie gar
stille, fast wie man durch einen Kamm bläset“, sagt Praetorius. Die Ambraser Instrumente haben eine Höhe von nur
12 cm, doch sind es tiefe Baßinstrumente. Da wir gewohnt
sind, daß großen Ausmaßen tiefe Töne entsprechen und um-
gekehrt — seien es Saiten, Röhren von Blasinstrumenten, Orgelpfeifen, der Korpus von Zupf- oder Streichinstrumenten
usw. —, stellt dieses Mißverhältnis zwischen Größe und Ton-
lage ein absurdes Phänomen dar. Seltsam wie Zwerge mit
tiefen Baßstimmen sind diese Rackette, die aber nicht nur
einzelgängerische Bewohner von Kunstkammern, sondern
durchaus auch Gebrauchsgerät des Musikers waren [Bild 1].
Wir finden sie, in meist weniger kostbarer Ausstattung aus
Hartholz, in vielen Sammlungen [Bild 56].

Ein Lieblingsinstrument der Zeit war der ZINK (ital. Cornetto), ein Zwitter zwischen Holz- und Blechblasinstrument,
denn es hat ein trompetenartiges Mundstück und zugleich

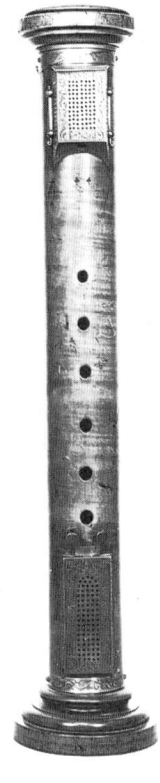

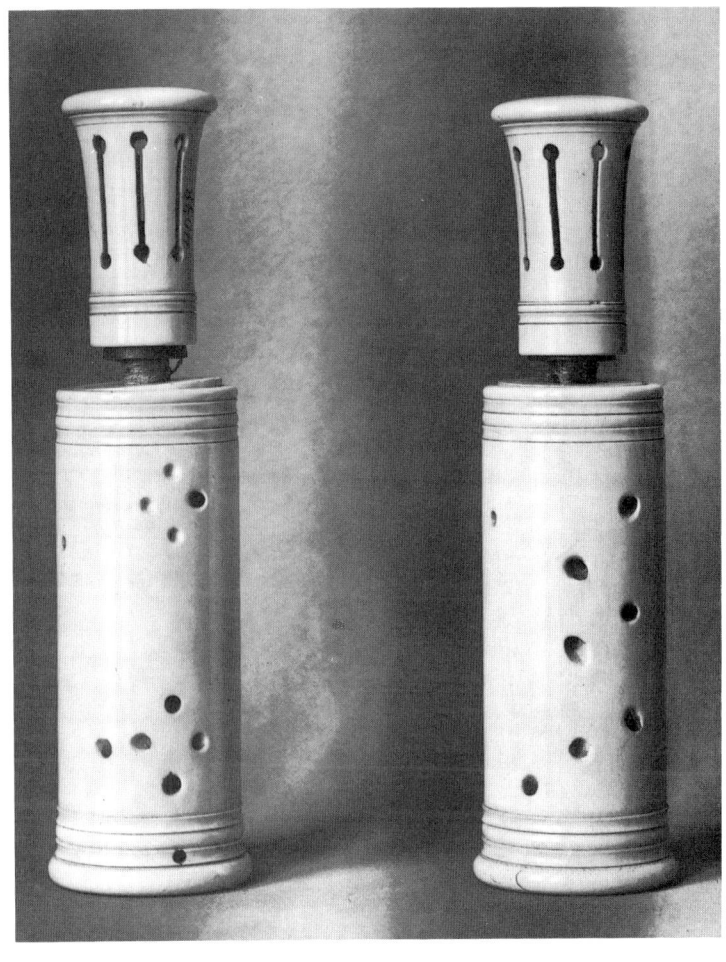

Grifflöcher. Durch den trompetenähnlichen Klang war der Zink ein willkommener Ersatz für die Trompete, deren Spiel durch strenge Zunftgesetze geregelt war. Das überaus schwierig zu blasende Instrument ermöglicht aber ein nuanciertes und durchaus virtuoses Spiel. Als sich die Monodie auch auf dem Instrumentalgebiet durchsetzte, war der Zink eines der beliebtesten Soloinstrumente. Immer wieder finden wir die Zuweisung: „für Solovioline oder Zink". Man sieht: um Instrumentation im modernen Sinne hat es sich

53 Säulenblockflöte, spätes 16. Jahrhundert. Um die architektonische Form nicht durch ein Mundstück zu stören, wird das Instrument durch ein Loch unterhalb des Kapitells hinter einer verzierten Klappe angeblasen

54 *(rechts)* Zwei elfenbeinerne Diskantranckette aus Ambras. Der Korpus dieser winzigen Instrumente wird im Innern von neun zylindrischen Kanälen durchzogen. Die Applikatur ist kompliziert. Manche Finger müssen zugleich mehrere Grifflöcher bedienen

53

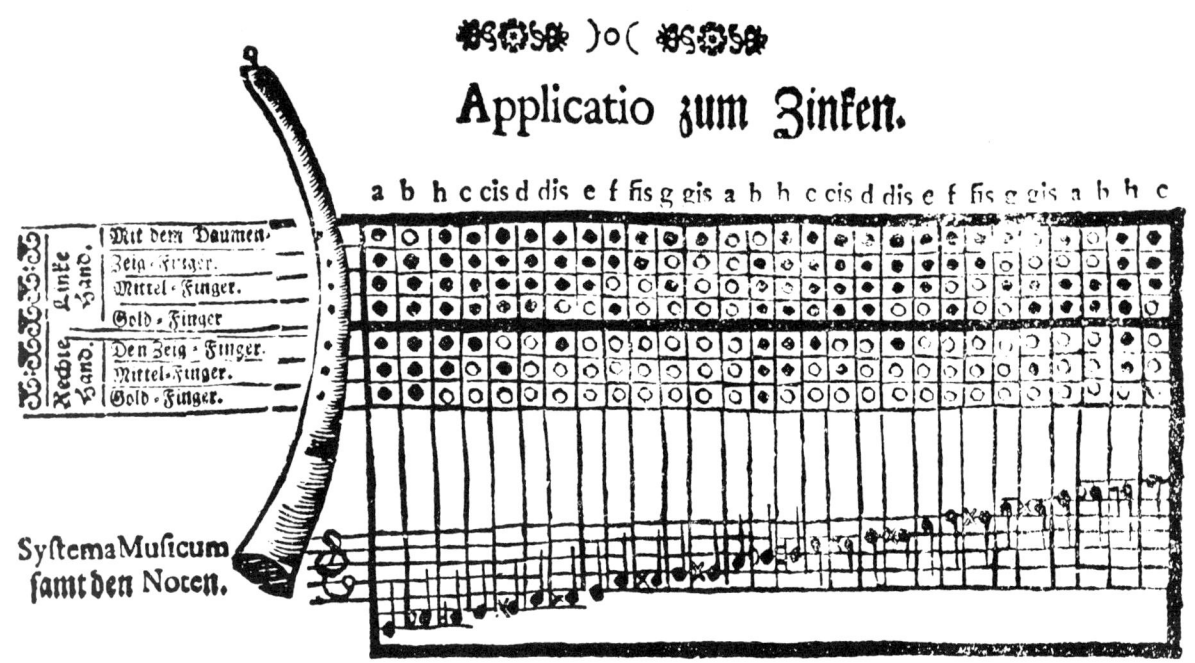

a b h c cis d dis e f fis g gis a b h c cis d dis e f fis g gis a b h c

Mit dem Daumen.
Zeig-Finger.
Mittel-Finger.
Gold-Finger.
Den Zeig-Finger.
Mittel-Finger.
Gold-Finger.

Linke Hand.
Rechte Hand.

Systema Musicum
samt den Noten.

55 *Applicatio zum Zinken* (Grifftabelle für den Zinken) aus Casper Majers *Museum Musicum* (1732). Der nicht streng zunft-gebundene Zink war noch im 18. Jahrhundert ein beliebtes Instrument der Stadtpfeifer, das auch Joh. Seb. Bach noch gelegentlich in seinen Werken verwendet

hier keineswegs gehandelt, denn die — hier ohne weiteres miteinander vertauschbaren — Klangfarben der Geige und des Zinks sind alles eher als ähnlich. Diese beiden Instrumente waren eben diejenigen, die dem Tonumfang, den technischen Möglichkeiten und auch den dynamischen Ausdrucksmöglichkeiten nach vergleichbar waren. Von diesen konnte das Stück, rein technisch gesehen, gespielt werden.

Man unterscheidet den krummen (schwarzen) und den geraden (weißen oder auch stillen) Zink [Bild 57]. Der krumme Zink, achtkantig zugerichtet, war meist aus zwei Teilen zusammengesetzt und mit Leder überzogen. Als Hölzer wurden „Ahornin, buxbömin, pflumebömin, nussbömin" verwendet. Manchmal findet man auch Instrumente aus Elfenbein. Venedig scheint — nach Vincenzo Galileis *Dialogo* (1581) — einen besonderen Platz im Zinkenbau eingenommen zu haben. Aber auch Neuschel in Nürnberg, der Herzog Albrecht in Preußen unter anderem auch „elfenbeinerne Zinken verkaufte, war für seine Instrumente bekannt. Einer der berühmtesten Zinkenbläser wider Willen war Benvenuto Cellini. In seiner Selbstbiographie schildert er in höchst ruhmrediger Manier seine erstaunliche Fertigkeit im Zinkenblasen. Sein Vater war ein geschickter Instrumentenbauer, der „in dieser Zeit wunderbare Orgeln mit Holzpfeifen, die besten und schönsten Gravicembali, die man damals sah, Violen, Lauten und die herrlichsten und ausgezeichnetsten Harfen" baute. Darüber hinaus war er auch *piffero* (Pfeifer) der Medici. Vater Cellini wollte seinen anscheinend ebenfalls musikalisch hochbegabten Sohn um jeden Preis zu einem Musiker machen. Benvenuto klagte zwar über das „verdammte Musizieren", ließ sich aber doch gelegentlich dazu herbei, in der Öffentlichkeit zu spielen. „Während Papst Clemens zu Mittag speiste, spielten wir jene kunstvollen Motetten in einer Weise, daß der Papst sagte, daß er noch niemals Musik süßer und zusammenstimmender gehört habe." Aber auch „der überaus anmutige Zink" konnte Cellini nicht von seiner geliebten orificeria, der Goldschmiedekunst abbringen.

Ein vollendet geblasener Zink muß übrigens wirklich von zauberhafter Wirkung gewesen sein. In *Delle imperfezioni della musica moderna*, seiner Kampfschrift gegen den modernen monodischen Stil, hebt Aretusi die Ähnlichkeit zwischen Zink und Menschenstimme hervor.

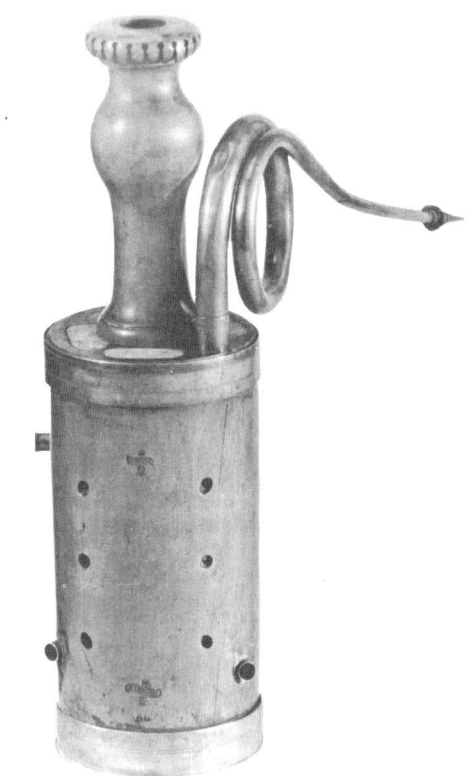

56 (oben) Ranckett, erbaut von W. Wyne aus Nimwegen, um 1700, in der Berliner Musikinstrumenten-Sammlung. Das Doppelrohrblatt wird hier am Ende eines zweifach gewundenen Metallrohrs angesetzt

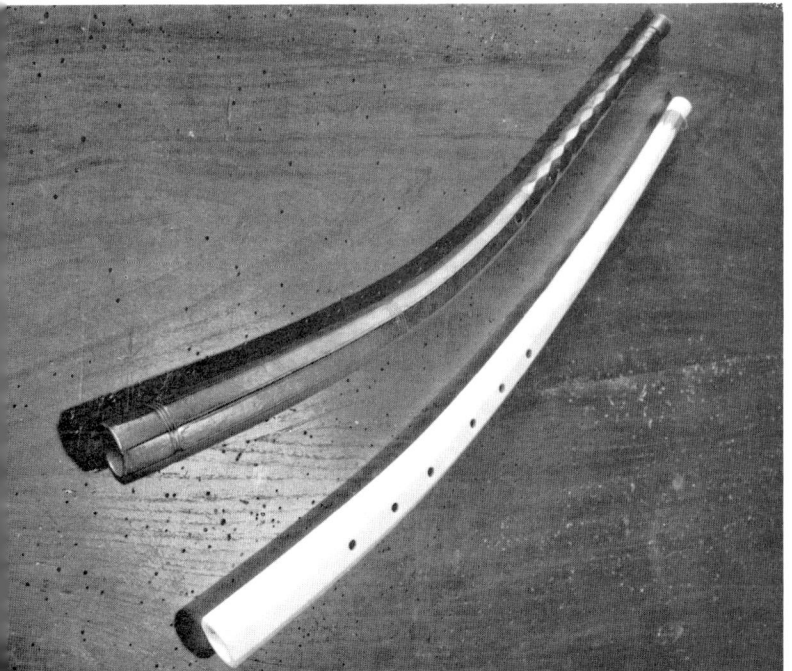

57 *(links)* Zwei krumme Zinken. Der berühmte französische Theoretiker Mersenne schrieb voller Begeisterung über den Klang dieses im 19. Jahrhundert ausgestorbenen Instruments: „Was seine Eigenschaft angeht, so ist er, wenn man ihn zwischen den Singstimmen in Kirchen und Kapellen hört, dem Glanz eines Sonnenstrahls zu vergleichen, der im Schatten oder in der Dunkelheit aufleuchtet

55

DRITTES KAPITEL

Hochbarock

Der im Manierismus bereits anhebende Zug zum Individualismus in der Musik, zum Monodischen – mit einer führenden Oberstimme, dem Baß als Fundament und den zu einem Begleitstimmenkollektiv zusammengeschrumpften Mittelstimmen – wird jetzt immer reiner und stärker. Der Machiavellische *principe* stellt sich jetzt auch in musikalischer Gestalt dar. Aus dem Gemeinschaftsverband der Polyphonie tritt die Solostimme heraus und stellt sich auf ein solides Baßfundament. Die Mittelstimmen erstarren oft zu Akkorden ohne Stimmen-Eigenwert. Da akustisch vor allem die Oberstimme zur Führung geeignet ist – die Mittelstimme ist zu sehr eingeengt, um solistisch führen zu können –, treten aus den Instrumentenfamilien jetzt die Diskantinstrumente hervor und führen. Die Folge davon ist, daß viele Vertreter der Mittel- und Baßlage ganz von der Bildfläche verschwinden. Ein gutes Beispiel dafür ist die POMMER-Familie, wo allein das Diskantinstrument *le haut-bois*, das „hohe Holz", übrig bleibt, während *le gros bois*, das „tiefe Holz", weichen muß. Andere Familien wieder, wie etwa die DOLZIAN-Familie, bleiben nur mehr im Baß erhalten (als Fagott, das eine Weiterführung des Dolzians darstellt), während die Mitte wie auch der Diskant, der bei diesem Typ nicht genügende solistische Möglichkeiten bietet, wegfallen. Wieder andere Familien, wie etwa die der KRUMMHÖRNER, sterben ganz aus, da schon ihr geringer Umfang wie auch ihre geringe Modulationsfähigkeit für die Musik des Hochbarock nicht geeignet sind.

58 Allegorie des Hörsinns. Das Motto zu diesem Bild drückt den Gedanken aus: „Wenn man die unendliche Süßigkeit der Töne wie ihre mannigfachen Zusammenklänge wohl bedenkt, hat man guten Grund, die Harmonie der Bewegungen des Himmels als Erhalterin des Universums anzusehen." Der Viola-da-Gamba-Spieler führt wohl das stützende Baßfundament aus, die Laute den Generalbaßpart. Als Sänger sehen wir einen Knaben und eine Dame. Der Mann an der linken Tischseite dirigiert das kleine Ensemble

Andererseits gewinnen die sich besonders gut zur Entfaltung des Solipsismus eignenden Tasteninstrumente zusehends an Bedeutung. Hier kann der Spieler, sich selbst genügend, die „ganze Musik", mit Haupt- und Nebenstimmen darstellen, den ganzen Tonkomplex nach persönlichem Ermessen und Erleben raffen und bauschen wie ein Gewand.

In Italien ändert sich nichts an der Struktur des Cembalobaus. Auch bei den größten Instrumenten gibt es nur ein Manual mit zwei 8'-Registern. Das nicht mit anderen Saitenchören belastete CEMBALO kann so eine maximale Klangschönheit entfalten. Von diesen klassischen Normen sind die auch auf anderen Gebieten oft in der klassischen Tradition verharrenden Italiener nie abgegangen.

In der Instrumentensammlung des Musée Instrumental du Conservatoire national supérieur de Musique in Paris be-

59 Ein englisches Virginal von Adam Leversidge, 1666. Auf dem Gemälde des Innendeckels sind Höflinge und elegante Damen zu sehen, die im St. James Park in London promenieren

findet sich ein reich verziertes Cembalo italienischen Typs, erbaut von dem Bologneser Instrumentenmacher Faby, der sich in Paris niedergelassen hatte. Die prunkvolle Verzierung erklärt sich aus der Bestimmung des Instruments für den Grafen Hercule Pepoli, dem Ludwig XIV., der Sonnenkönig, Pate stand. In der Mitte des Vorsatzbrettes aus Ebenholz, das mit allerlei Fratzen, Blumen- und Fruchtgirlanden sowie Landschaftskartuschen in Elfenbeinarbeit geschmückt ist, prangt das Wappen der Adelsfamilie der Pepoli: ein Schachbrett. Das Vorsatzbrett findet seinen seitlichen Abschluß in einer weiteren Darstellung, die Schwäne auf einem Schachbrett stehend zeigt. Auch das Innere der Seitenwände sowie die Dockenleiste sind reich mit Intarsien geschmückt. Aufgesetzte Elfenbeinknöpfe verzieren die Ränder des Korpus, eine italienische Eigenart. Auch die Tasten aus Elfenbein und Ebenholz sind reich verziert und tragen an der Stirnseite das italienische Arkadenmuster. Der ganze Korpus ist lose in einem Gehäusekasten untergebracht, der in Marmorimitation weiß, blau und braun bemalt ist [Bild 73].

Daß im traditionsliebenden England die alte Form des VIRGINALS noch beliebt war, beweist ein schönes Instrument des Adam Leversidge aus dem Jahre 1666. Es ist mit Malereien, Spaziergänger darstellend, versehen [Bild 59].

Im Verlauf der Versuche, möglichst viele tonerregende Vorgänge zu mechanisieren, wurde auch das STREICHKLAVIER, GEIGENWERK, GEIGENKLAVIZIMBEL erfunden. Es lag ja nahe, auch das Anstreichen einer Saite irgendwie zu mechanisieren. Schon seit dem 9. Jahrhundert ist dies bei der Radleier erfolgt, die Anwendung auf ein akkordfähiges Tasteninstrument gelang erst zu Beginn des 17. Jahrhunderts. Schon Lionardo da Vinci hatte mit seiner *viola organista* Versuche in dieser Richtung gemacht, und Galilei berichtet von ähnlichen Experimenten. 1617 beschreibt Praetorius begeistert einen von Sebald Haiden in Nürnberg gebauten Bogenflügel [Bild 60]. Fünf oder sechs pergamentbezogene Räder wurden durch ein pedalbetriebenes Rad in Bewegung ver-

60 Das „Nürmbergisch Geigenwerck" des Sebald Haiden aus Nürnberg. Die Saiten werden durch pergamentbezogene Räder „angestrichen", die mittels eines Pedals in Bewegung versetzt werden. Das Geigenwerk hatte dem Klavichord größere Tonfülle voraus, dem Cembalo den stetigen, andauernden Ton und der Orgel die dynamische Modulationsfähigkeit. Das Bild ist ein Holzschnitt aus Michael Praetorius' *Syntagma Musicum*, 1618

61 Geigenwerk von Raimundo Truchado, 1625. Wahrscheinlich diente Haidens Instrument als Vorbild, obschon hier die Räder durch eine Handkurbel am Ende des Instruments in Drehung versetzt werden
62 *(rechte Seite)* In dieser Allegorie der Schöpfung vergleicht Athanasius Kircher, ein gelehrter Jesuit, die Erschaffung der Welt mit göttlichem Orgelspiel. Viele alte Mythen haben die Erschaffung der Welt aus dem Logos des Klanges zum Gegenstand. Die Ereignisse der sechs Schöpfungstage werden durch sechs Registerzüge hervorgerufen, deren jeweils entsprechenden Orgelpfeifen der göttliche Lebensodem entströmt. Unterhalb der Tastatur lesen wir: *Sic ludit in orbe terrarum aeterna Dei sapientia* (So spielt die ewige Weisheit Gottes im Weltall)

setzt. Die Tasten hatten die Aufgabe, die Saiten an die Räder zu drücken. Streichklaviere aller Art wurden von vielen Instrumentenbauern des 17., 18. und 19. Jahrhunderts entwickelt. Ja, auch in unserem Jahrhundert fehlt es nicht an derartigen Versuchen. Erstaunlich, daß sich der Bogenflügel trotzdem nicht recht durchsetzen konnte, obwohl er immer wieder von höchsten Autoritäten geschätzt und bewundert wurde. Noch Carl Philipp Emanuel Bach sagt in dem 1762 in Berlin erschienenen zweiten Teil seines Werkes *Versuch über die wahre Art, das Clavier zu spielen*: „Es ist schade, daß die schöne Erfindung des Holfeldischen Bogenclaviers noch nicht gemeinnützig geworden ist... Es ist gewiß zu glauben, daß sie sich auch bei der Begleitung gut ausnehmen werde."

Das Geigenwerk des Spaniers Fray Raymundo Truchado in der Brüsseler Instrumentensammlung [Bild 61] ist mehr oder weniger eine Nachahmung des „Nürnbergische Geigenwerck" von Sebald Haiden — trotz der Inschrift *FRAY RAYMVNDO TRVCHADO: INVENTOR: 1625* an der linken inneren Seitenwand. Das Instrument wurde von Victor-Charles Mahillon, den Begründer der Brüsseler Sammlung, in Madrid entdeckt. Der Resonanzboden, nach flämischer Manier bemalt, ist leider nicht original. Die Innenseite des Deckels zeigt zwei — wohl nicht ursprünglich dafür bestimmte — Ölgemälde: die Entführung einer Nymphe durch fischschwänzige Tritonen, sowie einen mit den Wirkungen der Perspektive spielenden Gartenprospekt mit einem Palais im Hintergrund. Das ganze Gehäuse ist mit purpurnem Samt überzogen, der in Gold- und Seidenstickerei die Wappen des adeligen Besitzers trägt. In einem Bericht über dieses Instrument heißt es: „Die Tastatur befindet sich nur 34 cm über dem Boden, was mit Sicherheit darauf schließen läßt, daß der Spieler sie, nach orientalischer Art auf einem Kissen sitzend, bediente, was durchaus nicht erstaunlich ist, wenn man weiß, daß Spanien bis zum Beginn des 17. Jahrhunderts die Sitten der alten Eroberer beibehielt."

Auch die Kleinorgel, das POSITIV, erfreute sich weiterhin

63 Theorbenspieler von J. C. Weigel, *Musicalisches Theatrum*, um 1700. Im Zeitalter des Barock war die Theorbe eines der wichtigsten Begleitinstrumente

großer Beliebtheit. Ein österreichisches Positiv aus Friesach in Kärnten war ursprünglich für das Musizieren im geschlossenen Innenraum gebaut worden. Später, im Laufe des 18. Jahrhunderts, wurde es, wie aus Eingriffen an den Pfeifen ersichtlich, lauter und für das Spielen im Freien geeigneter gemacht. Das Instrument wurde zur sogenannten Prozessionsorgel. Es ist ein Vierfuß-Instrument, das heißt, daß ähnlich wie beim Oktavspinett alles eine Oktave höher klingt. Da der Korpus sehr klein ist, hat das große Vorteile, vor allem war das Abknicken, „Kröpfen" der Pfeifen, um alles noch auf engstem Raum unterbringen zu können, nicht erforderlich. Das klangliche Resultat ist dementsprechend um vieles befriedigender. Der Blasebalg für die Luftversorgung sitzt am Dache des Instrumentes auf. Sein atmendes Auf und Ab ist daher sichtbar [Bild 85].

In der Theinkirche in Prag steht eine kleine barocke Prozessionsorgel mit drei Registern. Sie wurde noch bis vor kurzer Zeit zur Begleitung geistlicher Gesänge in Prozession über die berühmte Karlsbrücke in Prag getragen.

So wie der König den Hofstaat braucht und die Sonne die Planeten, so bedarf die instrumentale oder vokale Solostimme des musikalischen „Accompagnements". Bereits seit dem 16. Jahrhundert hat man dafür besonders geeignete Instrumente gebaut, wie etwa die Baßlauten, die hauptsächlich der musikalischen Begleitung dienten. Die Baßlaute, auch Theorbe genannt, besitzt einen den ersten fortsetzenden zweiten Hals, der in einem eigenen Wirbelkasten zur Aufnahme freier Bordunsaiten endet. In *Das Neu Eröffnete Orchestre* (1713) beschreibt Mattheson die Theorbe als „der Lauten in vielen Stücken ähnlich, was sonderlich das Corpus und zum theil den Hals, der länger, betrifft; allein es befinden sich darauf 8 große Sayten im Basse, die zweymal so lang und dicke sind, als der lauten ihre 6, wodurch der Klang so geschmeidig und summend wird, daß viele die Theorbe dem Clavier (Cembalo!) vorziehen wollen, und zwar auch großen theils, wie sie sagen, darum, weil man eine Theorbe leichter

mit sich führen und an andere Oerter bringen kann als ein
Clavicymbel". Sicher hat auch dieser rein praktische Gesichts-
punkt eine Rolle gespielt. Von der „paduanischen" Theorbe
unterscheidet sich die „römische", auch CHITTARONE
genannt, durch einen kleineren Körper, aber längeren Hals,
der oft mehr als die doppelte Länge des Lautenkorpus er-
reichen kann. Die rauschende Baßlaute gehörte zum eisernen
Bestand jeder Hofkapelle. So gab es in Wien, in der Hofkapelle des komponierenden Kaisers Leopold I., neben einem
Lautenisten und „Cymbalisten" zwei Theorbisten.

Ein besonders schönes Chittarone venezianischer Provenienz aus dem Ende des 17. Jahrhunderts befindet sich im
Conservatoire in Paris [Bild 65]. Das Griffbrett bzw. dessen
Verlängerung oberhalb des ersten Wirbelkastens ist mit köst-
lichen Elfenbein- und Ebenholzintarsien geschmückt. Wir
sehen den unseligen Jäger Aktäon, der Diana und zwei
Nymphen beim Bade belauscht. Zwei seiner Jagdhunde bel-
len zu ihm auf, während zu seinen Füßen ein kleiner Affe
hockt. Der Rest des Zierwerks wird von phantastischen zoo-
morphen und anthropomorphen Gestalten beherrscht, unter
ihnen ein friedlich dreinblickender, sitzender, Triangel spie-
lender Putto.

Auch die CISTER wurde im Barock gelegentlich „theor-
biert", d. h. mit einem zweiten Hals und Wirbelkasten zur
Befestigung zusätzlicher Baßsaiten versehen. Es kam dabei
zu seltsamen Formbildungen, wie ein 1916 aus der Verstei-
gerung der Kunstsammlung des Malers Amerling erworbe-
nes, jetzt in der Wiener Instrumentensammlung aufbewahr-

64 Prächtige, fast vegetabilisch anmutende
vielstufige Rosette einer *chitarra battente* von
Andreas Oth aus Prag (1650–1683)

65 Chitarrone vom Ende des 17. Jahrhunderts
mit prächtigem Intarsienschmuck. In der dar-
gestellten Szene sehen wir Actäon, der Diana
und zwei Nymphen im Bade überrascht.
Der kleine Affe zu Actäons Füßen war zu
jener Zeit das Symbol der *imprudentia* (der
Unvorsichtigkeit) und der *astucia ingannevole*
(der trügerischen List)

66 Gitarre des Pariser Lautenmachers
Voboam, die er 1687 für Mlle de Nantes, eine
illegitime Tochter Ludwigs XIV., anfertigte,
mit ihrem mit Wappen und Lilienornamenten
geschmückten, originalen Futteral
67 *(rechte Seite)* Der reich verzierte Wirbel-
halter der von Girolamo da Virchis für
Erzherzog Ferdinand von Tirol angefertigten
Cister [Bild 45]. Lucretia, die einem Drachen-
maul entspringt, stößt sich mit eleganter Geste
einen Dolch in den Busen. Die Rückseite des
Halses zeigt eine nackte Frauengestalt,
ein echsenartiges Ungeheuer und ein Fratzengesicht. Diese Vermengung gräßlicher und
schöner Gebilde ist typisch für den
Manierismus

tes Instrument zeigt. Die mehrfach geschweifte Cister ist mit
drei Rosetten im Sternmuster versehen [Bild 69].

Eine vermutlich aus der ersten Hälfte des 17. Jahrhunderts stammende Cister im Musée du Conservatoire in Paris
zeichnet sich durch einen besonders elegant geschnitzten,
nach vorn geneigten Damenkopf aus, der sich graziös den
Klängen des Instruments zuzuwenden scheint [Bild 70].

Die Gitarre dürfte im 17. Jahrhundert in Paris durch italienische Komödianten in Mode gekommen sein. Als Modeinstrument der Aristokratie wurde sie prächtig ausgestattet. Im Pariser Conservatoire befindet sich ein schönes, mit
Ebenholz- und Elfenbeinintarsien verziertes Instrument,
das der berühmte Pariser Luthier Voboam 1687 für Made-
moiselle de Nantes gebaut hat [Bild 66]. (Mlle de Nantes
war eines der acht Kinder aus der Liaison der schönen und
geistvollen Marquise de Montespan mit dem Sonnenkönig.)

Unter den Streichinstrumenten beherrschte noch immer
die Familie der VIOLA DA GAMBA weitgehend das Feld. Der
Parvenü „Violon", die Geige, konnte sich vor allem in den
vornehmen Kreisen nicht so recht durchsetzen. „Die Geige
ist zu grob", meinte der berühmte Musiktheoretiker Mersenne in seiner *Harmonie universelle* (1636). So sind die
Gamben fast stets reich verziert, während die Geigeninstru-
mente (die Vertreter der *da-braccio*-Familie, ungebündet,
gewölbter Boden, meist viersaitiger Bezug) im allgemeinen
ganz schlicht gehalten sind.

Joachim Tielke, der wohl berühmteste Luthier seiner
Zeit, hat auch besonders schöne Gamben gebaut. Die Tenor-
Gambe aus der Claudius-Sammlung in Kopenhagen ist von
außergewöhnlicher Eleganz. Das ganz in Ebenholz und
Elfenbein eingelegte Griffbrett zeigt neben floralen Motiven
den auf der lernäischen Schlange stehenden Herkules, der soeben vom Pfeile Amors getroffen wird [Bild 68].

Ruhiger im Dekor als die Instrumente Tielkes sind die
Gamben des in London arbeitenden Barak Norman. Die hand-
werklich edel gearbeiteten Instrumente sind meist mit stili-

68 Die kostbaren Einlegearbeiten dieser Gambe von Joachim Tielke lassen darauf schließen, daß sie für einen aristokratischen Liebhaber angefertigt wurde. Der auf der lernäischen Schlange stehende Herkules wird soeben von Amors Pfeil getroffen. Die beiden Gestalten sind durch ein Spruchband mit der Inschrift *VIRTVTIS RADIX AMOR* (Der Tugend Wurzel ist die Liebe) getrennt. Alle Instrumente Tielkes sind handwerkliche Meisterleistungen und von vollendeter Klangschönheit

sierten Ornamenten in Holzintarsie geschmückt [Bild 74].

In einem Land erfreute sich die GEIGE offenbar allezeit höchster Wertschätzung: in Italien. Dieses klassische Land des Geigenbaus brachte schon früh die Ausdrucksmöglichkeiten dieses Instruments zu großer Vollendung und sicherte ihm einen bedeutenden Platz in der gehobenen Musik. Der hervorragendste italienische Geigenbauer war Antonio Stradivari, der in Cremona, dem weltbekannten Mittelpunkt des Geigenbaus, lebte. Hier genoß er seine Lehrzeit unter Nicolo Amati, dem wohl berühmtesten Mitglied der Geigenbauerfamilie Amati. Obwohl Stradivaris Meisterschaft schon zu seinen Lebzeiten weit und breit anerkannt war — er zählte

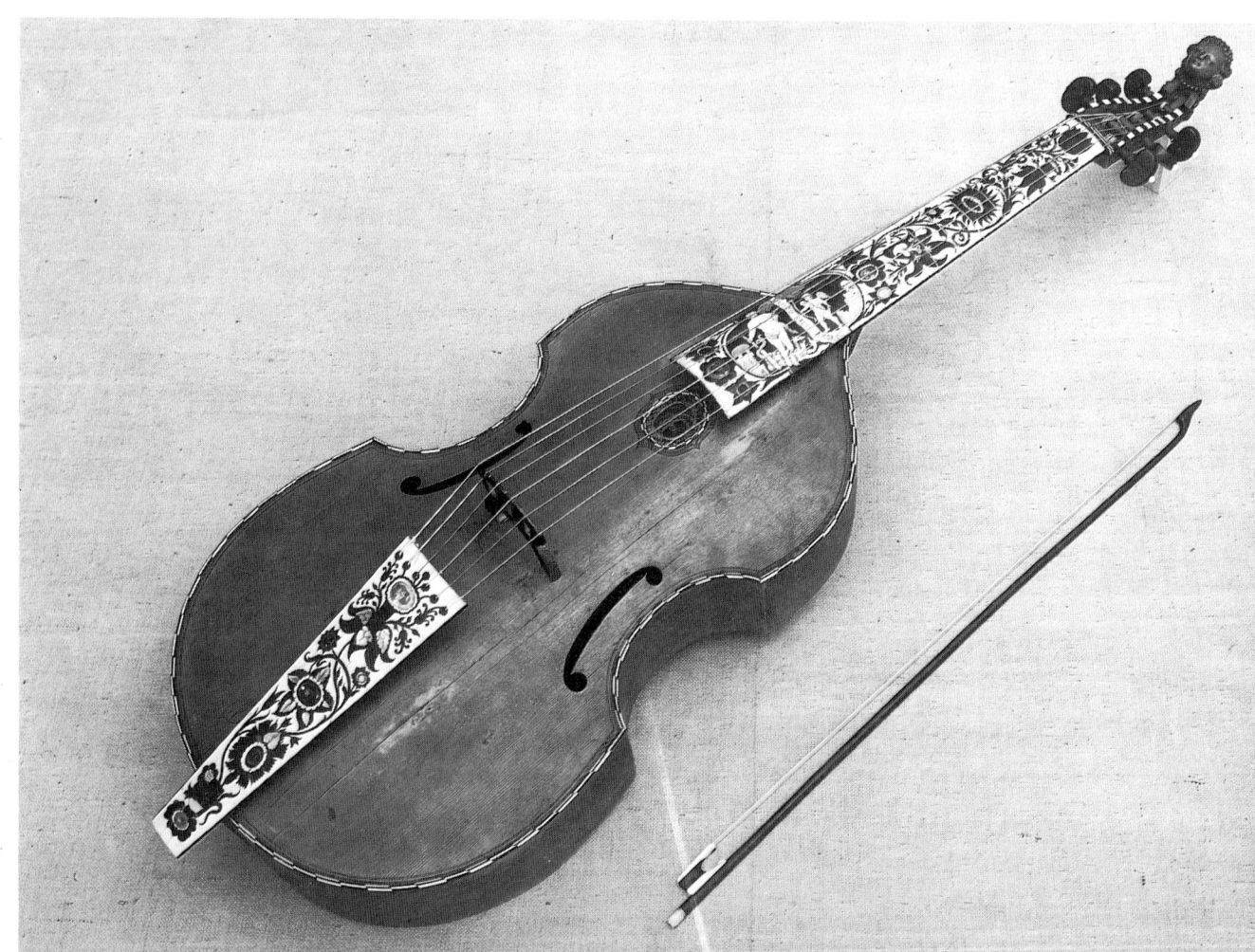

zu seinen Kunden die Herzöge von Savoyen und Modena, den Kardinal Orsini, den Kurfürsten von Sachsen und andere Notabeln –, wurde im allgemeinen doch den Geigen von Amati und Jacob Stainer, einem Österreicher unter starkem italienischen Einfluß, der Vorzug gegeben. Erst nach seinem Tode fand Stradivari die gebührende Anerkennung, nachdem besonders Paganini und Viotti seine Geigen zu internationalem Ruhm geführt hatten. Ihr Wert stieg in erstaunlicher Weise. Soweit bekannt, gibt es heute noch an 600 dieser Meisterinstrumente, von denen die aus Stradivaris „goldener Periode" (etwa 1695–1725) am wertvollsten sind [Bild 76].

72 *(nächste Seite)* Rubens, *Die Erziehung der Maria de Medici.* Apollo spielt auf einer Gambe; neben ihm auf dem Boden eine Theorbe

73 *(übernächste Seite)* Cembalo von Faby, 1677 (s. S. 59)

69 *(unten links)* Theorbierte Cister von ungewöhnlicher Form. (Nordländische Arbeit, vom Anfang des 17. Jahrhunderts?)

70 *(Mitte)* Cister des frühen 17. Jahrhunderts. Die kronenförmigen Wirbel sind selten zu finden

71 *(rechts)* Gitarre von Joachim Tielke, 1703, für eine dänische Prinzessin angefertigt und mit Schildpatt und Elfenbein eingelegt

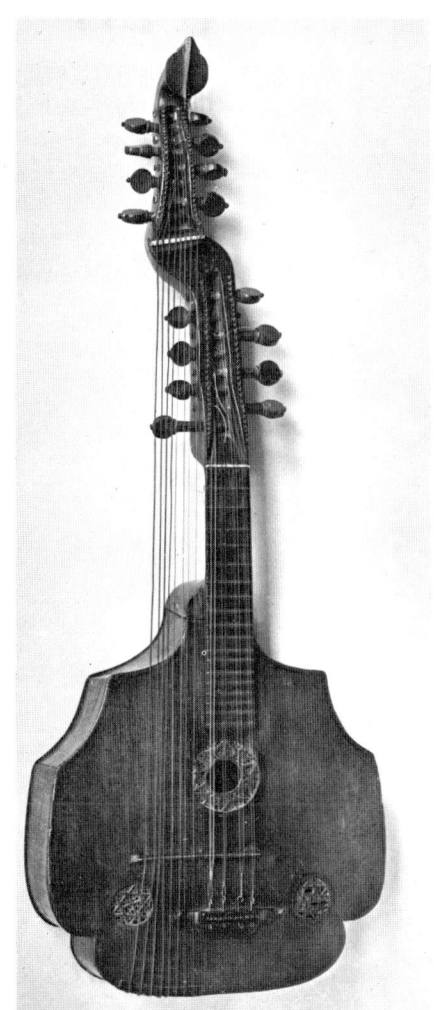
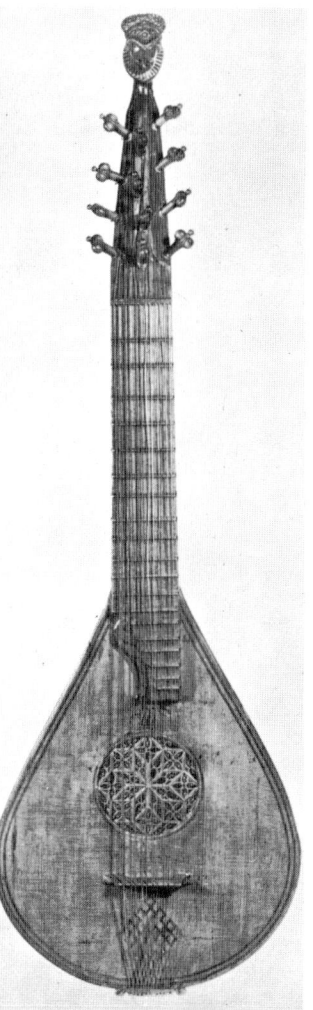
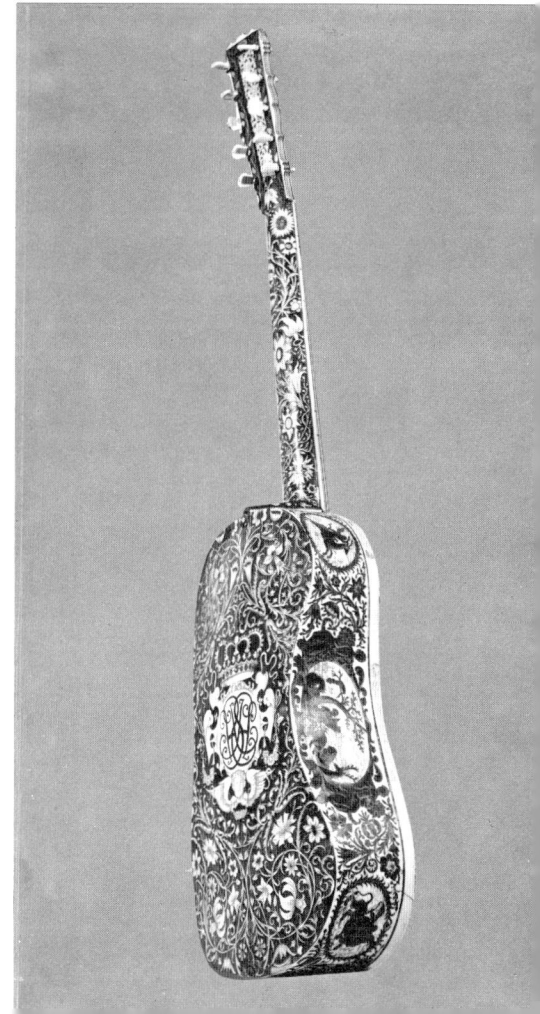

74 Baßgambe von Barak Norman,
London, 1723. Fast alle seine
Instrumente sind mit stilisierten
Ornamenten in Holzintarsie
geschmückt

75 Seite aus einer Schreibfibel der
Barockzeit mit Mustern für den
Buchstaben N (Noten). Außerhalb
Italiens galt die Geige lange Zeit
als unvornehmes Instrument, das
lediglich von Berufsmusikern
gespielt wurde

Das Rijksmuseum in Amsterdam beherbergt ein amüsantes Ausstellungsstück, das allerdings lediglich Seltenheitswert hat: eine Geige aus Delfter Fayence, deren Schnecke durch einen eindrucksvollen Narrenkopf mit Schellenmütze ersetzt ist. Ein Genregemälde eines Tanzsaales bedeckt die Decke des Instruments [Bild 77].

Mattheson berichtet über ein weiteres merkwürdiges Instrument, „die heisere und heimliche Stockfiddeln", gall. Poches, die „sich den Tantz-Meistern gäntzlich appropriiert" haben. Dieses Instrument, die Pochette (Taschengeige) oder Tanzmeistergeige [Bild 83], ist ein meist keulen- oder bootsförmiger Ausläufer des wohl aus dem Orient stammenden mittelalterlichen Rebec. War das REBEC in der Renaissance gelegentlich noch in den Händen von Engeln zu sehen, so ist es im 17. Jahrhundert nur mehr der Tanzmusik vorbehalten. 1628 und 1648 verfügte der *Lieutenant civil* in Paris, daß

76 (*nächste Seite*) Violine von Antonio Stradivari aus Cremona, dem berühmten Zentrum des klassischen Geigenbaus.
Die Geige hat ihre klassische, ausgewogene Form seit dem 16. Jahrhundert unverändert bewahrt. Die den Abschluß des Wirbelkastens bildende Schnecke, die auch heute noch angebracht wird, ist ein typisches Kind des Barock. Die Geigen Stradivaris werden heute oft nach früheren Besitzern genannt, wie das im Bild gezeigte Instrument z. B. die *Messie*-Violine genannt wird

77 (*übernächste Seite*) Violine aus Delfter Fayence, ein bloßes „Augeninstrument". Die Barockzeit liebte Spielereien dieser Art. Das Genrebild auf der Vorderseite zeigt Paare beim Tanz. Auf einer erhöhten Tribüne im Hintergrund die Musikanten: Baßgeiger und Violinspieler

78–82 Köpfe und Wirbelkästen verschiedener Saiteninstrumente des 17./18. Jahrhunderts. Frauenköpfe wurden bevorzugt, z. T. mit sehr preziösen Zügen. Hinter aller Verspieltheit ist aber noch etwas von der ursprünglich magischen Bedeutung zu spüren. Jedes Instrument hat gleichsam eine Seele, ist lebendig. Es handelt sich um folgende Instrumente: *(von links nach rechts)* Geige von Tomaso Castelli, Brescia, 1621; Geige von Joachim Tielke, Hamburg, 1686; Baßgambe von J. Tielke, Hamburg, 1701; *pardessus de viole* von François Gavinies, Paris, 18. Jahrhundert; Viola d'amore von Gregori Ferdinand Wenger, Augsburg, 1718

das Rebec als einziges Streichinstrument in den *cabarets* und *mauvais lieus* zu spielen sei. Auch heute gibt es ja noch Instrumente, die in den gehobenen Konzertbetrieb keinen Eingang finden, wie etwa die Ziehharmonika, Mundharmonika, das Saxophon, Hammondorgel und andere. Die Pochette, ein Miniaturstreichinstrument, war so klein, daß sie in der Tasche (*poche*) des Tanzmeisters Platz fand. Wegen des zwergenhaften Korpus war der Klang recht mager, aber doch noch genügend stark, um den Tanzlehrlingen eine musikalische Unterlage zu geben. Aus einem selbständigen Instrument mit einer spezifischen Klangcharakteristik ist so ein Ersatzinstrument geworden.

Ein anderes merkwürdiges Ersatzinstrument ist das TRUMSCHEIT, auch Nonnengeige, Nonnentrompete oder *Tromba marina* genannt. Es handelt sich hier um ein Streichinstrument, das die Trompete klanglich ersetzen sollte. Das Trumscheit (Trommelscheit) ist ein oft mannshohes, meist einsaitiges Instrument mit äußerst kurzem Hals

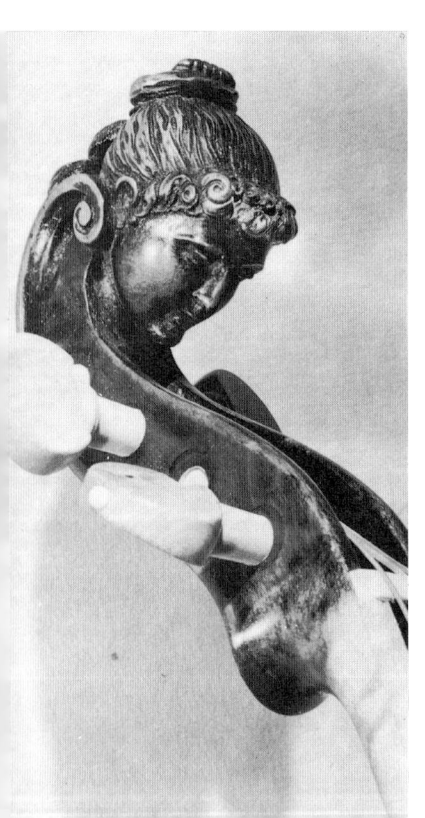
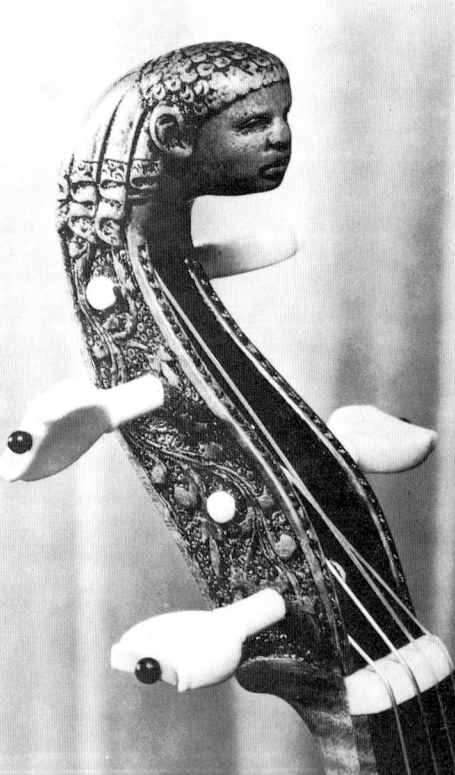

und schuhförmigem, asymmetrischen Steg, der nur an einem Ende aufsitzt. Das andere Ende nimmt die Saitenschwingungen auf und trommelt auf den Korpus, wodurch ein knatternder, trompetenartiger Klang entsteht [Bild 86]. Das zumindest seit dem Barock ausschließlich darauf geübte Flageolett-Spiel mit seinem der Naturtrompete entsprechenden Tonvorrat erinnerte ebenfalls an die Trompete. Die erste Darstellung des Instruments findet sich auf einer französischen Plastik des 12. Jahrhunderts. In seinen letzten Ausläufern finden wir es noch im 19. Jahrhundert.

Die ganze Geschichte des Instruments, seiner Literatur, seiner Spieler usw. liegt ziemlich im dunkeln. Übernahm es ersatzweise den Trompetenpart (meist in Kirchen und Klöstern, wo die zunftgebundene und einer anderen Lebenssphäre angehörige Trompete nur selten verfügbar war), so war seine Literatur ja von selbst mit der der Trompete identisch. Die originäre Literatur für das Trumscheit ist dementsprechend gering, doch hat ein gewisser Lorenzo de Castro

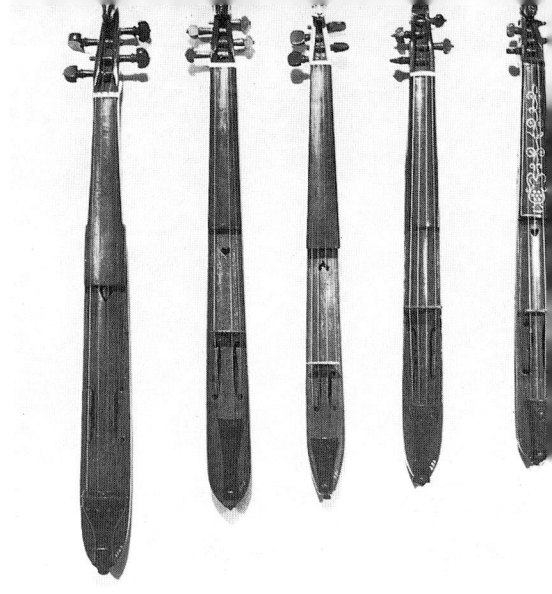

83 Pochetten des 17. Jahrhunderts. Ein Ausläufer des orientalischen Rebecs, verschwand die Taschengeige aus der gehobenen Musik und wurde im Barock nur noch zum Tanz gespielt

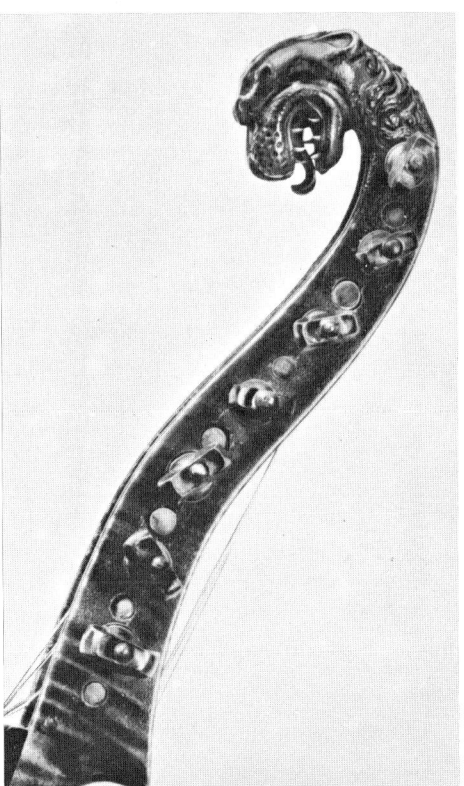

84 (nächste Seite)
Allegorie der *Vanitas* von Leonhard Bramer (1596–1674). Weltliche Musik galt oft als Symbol für die Eitelkeit dieser Welt. Der Theorbenspieler ersäuft fast im wallenden Prunk seines Samtgewandes. Rechts im Bild eine Laute, zwei Geigen, eine Cister, eine Flöte und eine Baßgeige

85 (übernächste Seite)
Orgelpositiv aus Friesach, Kärnten, um 1700. Das kastenförmige Gehäuse ist in Marmorimitation rot und grün bemalt

75

84   85

Tromba Marina

86 Trumscheitspieler. Die Saiten wurden in
Flageolettechnik nur ganz leicht berührt.
Kupferstich aus Filippo Buonanni, *Gabinetto
armonico pieno d'istromenti sonori indicati*,
Rom, 1722

im 17. Jahrhundert sogar eine *Sonata per Trompette Marine*
verfaßt. Der Augsburger Domkapellmeister Johann Mel-
chior Gletle (1626–1684) gab 1671 in Augsburg seine
Musica genialis latino-germanica heraus, die er „bey vor-
nemmen Mahlzeiten zur Tafel-Music und andern fröhlichen
Zusammenkünften zu gebrauchen, den Lernenden pro Exer-
citio" empfiehlt. In dieser echten „Gebrauchsmusik" gibt es
auch eine Reihe von „Trompeterstückle", Duette, die für die
Tromba marina bestimmt sind. Der Vorstellungswelt des
Barock entsprechend, trägt jedes dieser kleinen Duettchen
einen Namen der klassischen Antike als Devise (mit einer
entsprechenden musikalischen Interpretation). So wird der
zärtliche, sternenverliebte Hesperus durch ein sanft schwin-
gendes Adagio im $3/2$-Takt geschildert. Die ziegenfüßigen
Faune werden durch einen hüpfenden, punktierten $6/8$-Takt
dargestellt, und „Die Hitze / oder der Eifer / so das Gemüt
entzündet / ... von den Alten Mars genennt" wird durch ein
fanfarenartiges Motiv musikalisch gemalt.

In Frankreich hat das Trumscheit, *Trompette marine* genannt, anscheinend besondere Wertschätzung gefunden. Allerdings war dort auch das bereits längst in Vergessenheit
geratene KRUMMHORN wieder entdeckt worden. Seit 1679
finden wir Krummhorn und Trumscheit unter den Instrumenten der *Bande de la grande Ecurie du Roi de France*,
einer aus 25 Spielern (deren jeder zwei Instrumente beherr-
schen mußte) bestehenden Kapelle, die bei den „Jagden und
Aufzügen und überhaupt bei allen Gelegenheiten, wo im
Freien musiciert werden mußte, zu spielen hatte". Da es in
dieser Kapelle neben Musettenspielern, Flötisten, Oboisten,
Trommlern und Paukern auch Trompetenbläser gab, so
hatte hier das Trumscheit nicht als Ersatz zu fungieren, sondern wurde wohl seiner Kuriosität halber geschätzt. Noch zu
Ende des 18. Jahrhunderts werden Trumscheitspieler als
Mitglieder der Königlichen Kapelle erwähnt. Wir finden
aber schon 1660 einen Part für zwei Trumscheite in der Bal-
lettmusik zu Lullys Oper *Xerxes*. Das Trumscheit wird dort

im Rahmen eines Matrosentanzes verwendet. Daß es im Barock oft mit dem Odium des Derben, Gewöhnlichen behaftet war, beweist die Wertschätzung des Instruments durch den lächerlichen, geschmacklosen „Bourgeois Gentilhomme" M. Jourdan, den Molière in der gleichnamigen Komödie sagen läßt: „Die Trompette marine ist ein Instrument, das mir gefällt und das wohlklingend ist." Andererseits kündigte die *London Gazette* vom 4. Februar 1674 ein spektakuläres Konzert für vier Trumscheite (!) an. Die Konzerte fanden in der Fleece Tavern „bei St. James gegen 2 Uhr Nachmittag täglich außer Sonntags" statt.

Das festliche Strahlen echten Trompetenklanges konnte freilich durch kein Ersatzinstrument wettgemacht werden. Der festlichen Anlässe gab es genug, ist doch das Barock seinem tiefsten Wesen nach ein einziges Fest, eine Schaustellung, ein „Welttheater". Bei Feiern aller Art, Hochzeiten, Gedenktagen, Empfängen, festlichen Tafeln, bei Aufzügen usw. schimmerte der Silberklang der Trompete. Und auch auf ihren Spieler fiel ein Teil ihres Glanzes und Adels. Neben Glanz und Repräsentation hatte dieser noch andere edle Aufgaben zu erfüllen, z. B. als Feldtrompeter im Kriege seinen Mann zu stehen oder Gesandtschaften und ehrenvolle Botschaften zu überbringen usw. Die zunftmäßig zusammengeschlossenen Trompeter hatten, von den übrigen Musikern getrennt, ihre eigenen Privilegien, die u. a. im „Reichsprivilegium" von 1623 durch Kaiser Ferdinand II. verankert wurden. Die Trompeter schlossen sich zu sog. Kameradschaften zusammen, deren Mitglieder stets wieder bei Kameraden gelernt haben mußten. Streng wurde darauf geachtet, nicht in „verächtlichen Gelegenheiten" zu spielen. Der Gebrauch der Trompete war im übrigen allen nicht zur Trompeterkaste gehörigen Leuten wie „Stadtpfeifern, Spielleuten, Gaucklern" untersagt. Dasselbe galt auch für die Pauke. Auch die Pauker hatten ihre Privilegien und standen mit den Trompetern „in einerley Zunft und Range". Die „heroisch-musikalische Trompeter- und Pauker-Kunst"

87 Trumscheit (Tromba marina) des späten 17. Jahrhunderts. Das einzige Schmuckmotiv dieses schlichten, aber schön geformten Instruments ist der fein geschnitzte Löwenkopf am oberen Ende

bildete eine Einheit. Bei keiner Hofhaltung durfte das „herrlich in ainander erhallen" dieser Instrumente fehlen.

Wenngleich sich meistens sechs Spieler in das Spiel teilten, war doch in der Regel nur die erste Clarinstimme notiert; 2. Clarin, Principal, Mittelstimme, Faulstimm und Grobstimm wurden dazu improvisiert. So sind einstimmige Aufzeichnungen zu solchen Stücken verhältnismäßig zahlreich erhalten. Seltener sind alle sechs Stimmen ausgeschrieben, wie z. B. in Schmelzers Musik zum *Rossballett*, das 1667 anläßlich der Vermählung Leopolds I. mit Margareta von Spanien in Wien im Burghof aufgeführt wurde. Der Kaiser nahm daran mit allen seinen Kavalieren hoch zu Roß teil.

Ein besonders schönes Instrument von Michael Nagel, bei welchem sich der Adel und Glanz seiner Umwelt in der Kostbarkeit der Ausführung manifestiert, wird in der Wiener Sammlung aufbewahrt. Die silberne Trompete ist mit gravierten Ornamenten und vergoldeten Beschlägen verziert. Die Stürze ist mit plastischen Engelköpfen und Gravierungen geschmückt, der Knauf mit einem Löwenkopf versehen. Die Trompete trägt die Signatur *MICHAEL NAGEL/NVERNBERG 1657*, ferner das Monogramm MN und einen Vogel. Die Blechinstrumente für den Normalgebrauch waren im allgemeinen aus Messing. Silber hatte immer eine besondere Bedeutung. Wir erinnern uns, daß Hanns Neuschel nach Rom reiste, um Papst Leo X. silberne Posaunen abzuliefern und ihm vorzuspielen. Das Silber hatte im sinnbildträchtigen, von der Vorstellungswelt der Alchimie beeinflußten Lebensgefühl der damaligen Zeit eine besondere Bedeutung. *Albicans et sonorum* – schimmernd und tönend –, ist es „hellglänzender Heiterkeit" zugeordnet [Bilder 90–93]. Eine andere Trompete aus Nagels Werkstatt befindet sich in Lübeck (datiert 1654), eine 1656 datierte Tenorposaune im Bayrischen Nationalmuseum in München.

Zu den beliebtesten Melodieinstrumenten des Barock gehörte ohne Zweifel die BLOCKFLÖTE: „*Flûte à bec*, oder *Flûte douce*, eine Flöthe, deren erster Zuname vom Mundstück

89 Pauken, wie sie Casper Majer in seinem *Museum Musicum* (1732) darstellt. Die barocken Pauken wurden mit Holzklöppeln geschlagen. Der Klang war schärfer und prägnanter als der durch die modernen Filzschlegel erzeugte

88 *(linke Seite)* Ölgemälde des niederländischen Malers Jan Miense Molenaer (ca. 1606–1668). Die Violine, die im 17. Jahrhundert noch meist als unedles, sozial niedriges Instrument galt, ist hier zusammen mit Lärminstrumenten übelster Sorte zu sehen. In der Bildmitte wird mit Löffeln auf einen Helm getrommelt, rechts wird ein „Rommelpot" (Brummtopf) zum Lärmen gebracht. Der Rommelpot, eine Friktionstrommel, die heute noch bei afrikanischen Initiationsriten Verwendung findet, existiert noch in Holland als Juxinstrument

81

(weil es wie ein Schnabel aussiehet) und der andere von der stillen Annehmlichkeit" – so beschreibt sie Johann Friedrich Bernhard Caspar Majer in seinem 1732 in Schwäbisch Hall erschienenen *Museum Musicum*. Den neuen solistischen Anforderungen entsprechend hat die Blockflöte im Laufe des 17. Jahrhundert einige bautechnische Wandlungen erfahren: Der Korpus wird mit schmückenden Wülsten versehen, welche die ursprüngliche schlichte Stabform pompös aufplustern, und ist jetzt meist dreiteilig, Schnabel und Schallbecher werden deutlicher ausgeprägt. War die Blockflöte früher relativ dickwandig, weit mensuriert, nahezu zylindrisch gebohrt, so wird sie jetzt dünnwandig, eng mensuriert und konisch gebaut. Hatte sie früher einen hohen Schneidenabstand und ein enges Labium, so wird jetzt der Schneidenabstand zurückgenommen und das Labium erweitert. Durch die engere Mensur und konische Bohrung ist der Umfang nach oben wesentlich erweitert. Die zweite Oktave, die überblasenen Töne, sprechen nun leichter und besser an, dafür verliert die Tiefe wiederum an Fülle und Reinheit – Beispiel für das ewige Gesetz des Ausgleichs, das Goethe so schön in seiner *Metamorphose der Tiere* ausgesprochen hat.

> Diese Grenzen erweitert kein Gott, es ehrt die Natur sie:
> Denn nur also beschränkt war je das Vollkommene möglich ...
> Siehst du also dem einen Geschöpf besonderen Vorzug
> Irgend gegönnt, so frage nur gleich: wo leidet es etwa
> Mangel anderswo? ...

Ihren eigentlichen Charme entfaltet die Barockblockflöte erst in der zweiten Oktave, im Falsettregister sozusagen. Durch die Änderungen ist ihr Klang obertöniger, brillanter,

90–93 *(links und rechts)* Trompete von M. Nagel, 1657. Die Devisen und Embleme sind Ausdruck der edlen Lebenshaltung des Trompeterstandes: „Kein Sturmwind des Unglücks dir schad" (Turm, der von vier Winden bestürmt wird); „Sein Flügel deck dich früh und spat" (Herz, von einem Flügel vor Regen und Unwetter beschirmt); „Nimm zu und wachs durch Gottes Hand" (Zum Himmel aufragende Palme)

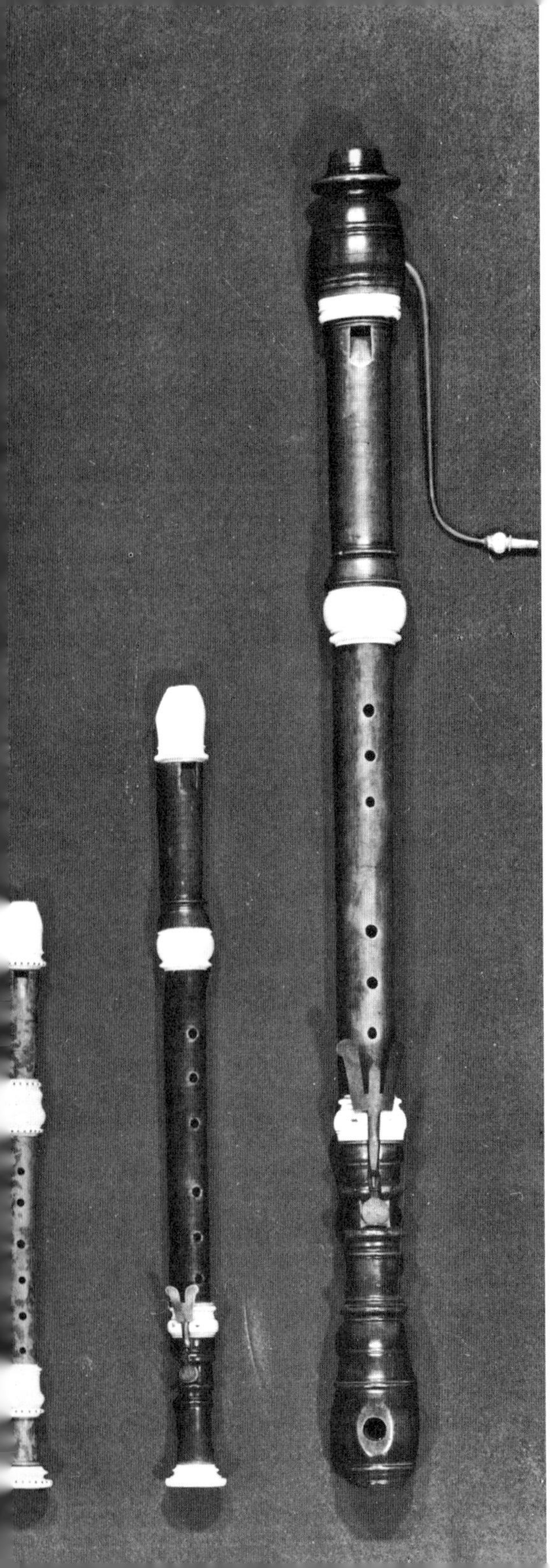

FLUTE DOUCE.

Des klanges süßigkeit zeigt schon der Flöten-nahme
die dient zur Courtoisie bey Sternen voller Nacht
Sie ists die offt bewegt manch angenehme Dame
wann ihr ein Ständgen wird bey stiller ruh gebracht
das Sie des Sanfften Betts Sich offt wohl gar entziehet
und zu dem Süßen thon

heller geworden. Alle diese Eigenheiten entsprechen einem neuen Klangwollen, das nach virtuosem, solistischem Klang strebte, nach barocker Selbstdarstellung. Überhaupt scheint der barocke Klang immer mehr nach schimmernder, obertöniger Helle zu streben, wozu sich ja auch Parallelen in der Architektur und Malerei finden. Ein Streben nach Durchflutung von Licht, nach immer helleren Farben, das schließlich im Weißgold und in den zarten Pastelltönungen des Rokoko mündet.

Wie auch bei anderen Instrumentengruppen löst sich aus der Blockflötenfamilie das Diskantinstrument (im Deutschen heute fälschlich als Altflöte bezeichnet) heraus und wurde zum Soloinstrument par excellence [Bild 95]. Seit dem Ende des 17. Jahrhunderts entwickelte sie sich auch immer mehr zum beliebten Modeinstrument der Amateure. Damit „die Augen in gewisser Weise die Teilhaber des Vergnügens der Ohren sind", wurden für die Blockflöte möglichst schöne Hölzer, am liebsten aber das „klare Hellfenbein" verwendet, das neben Gold, Silber und Edelsteinen zu den kostbarsten Materialien zählte. Ihr hoher Wert mag sie vor dem Schicksal vieler hölzerner Geschwister bewahrt haben.

Fuß- und Kopfstück von Flöten wurden oft mit Schnitzwerk verziert. Bei einer elfenbeinernen Flöte der Pariser Sammlung ist der Schnabel als Fischmaul ausgebildet, dessen starre Augen den Flötenbläser anglotzen. Der Rest der Verzierungen besteht aus schönen Akanthusblättern. Ähnliche fischmäulige Flöten sind oft auch in Holz hergestellt worden. Sie entsprechen dem Zug des Barock nach dem Grotesken und zaubrisch-verspielter Verlebendigung der Dinge [Bild 96].

94 *(linke Seite, links)* Barockblockflöten (Alt, Tenor, Baß). Die ruhige, einfache Stabform der älteren einteiligen Blockflöte wurde im 17. Jahrhundert durch die dreiteilige, mit dekorativen Wülsten versehene aufwendigere Blockflöte abgelöst. Die Flöten werden gerne mit Elfenbeinmanschetten oder -gamaschen dekorativ garniert
95 Die Altblockflöte wird im Hochbarock das Hauptsoloinstrument der Blockflötenfamilie. Die charakteristische Süßigkeit des Klanges schlägt sich in der Namensgebung: *Flauto dolce, Flûte douce,* nieder

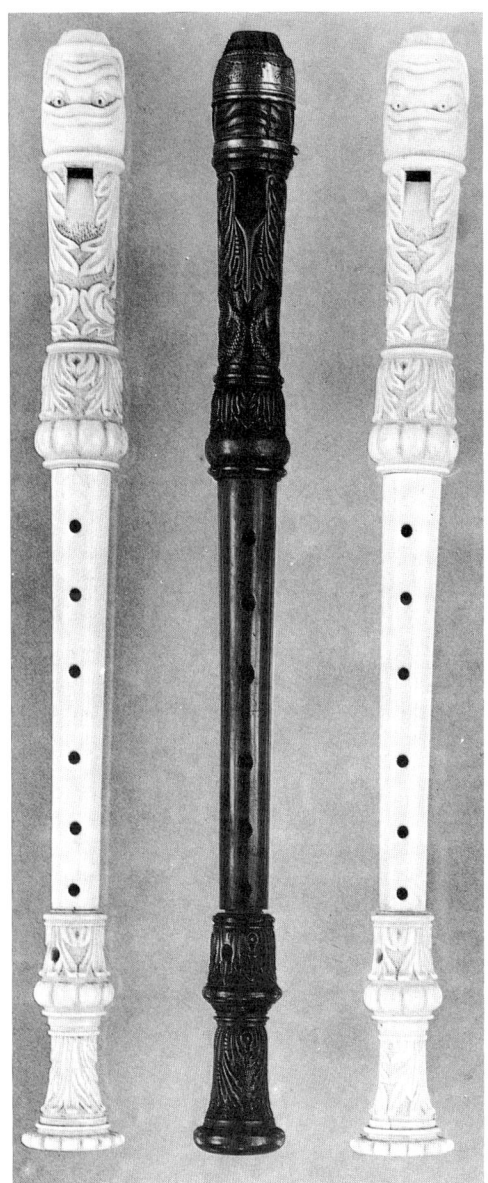

96 Fischmäulige Altblockflöten aus Holz und Elfenbein. Die Belebung des Unbelebten ist ein Wesenszug des Barock

85

97 Süddeutsches
Orgelpositiv,
Mitte des
18. Jahrhun-
derts

VIERTES KAPITEL

Rokoko

Der Zug zum Monodischen hält im Rokoko, Klassizismus und Empire, sofern diese Stilrichtungen überhaupt ihre musikalische Entsprechung finden, weiter an, wenn auch freilich unter teilweise geänderten Voraussetzungen. Der manchmal massige, schwerblütige Pomp des Barock, aber auch seine hinter allem Rausch und Geranke immer vorhandene klare und symmetrische Struktur, weichen jetzt mehr und mehr einer anmutigen Schwerelosigkeit, lösen sich im Asymmetrischen, Pretiösen, Nuancenhaften auf. Auch die äußere Erscheinung der Musikinstrumente jener Zeit läßt diese Wandlung erkennen.

Ein besonders charakteristisches Beispiel dafür ist ein aufrecht stehender Kielflügel (ein sog. KLAVIZITERIUM) des belgischen Instrumentenmachers Albert Delin aus Tournai, der sich in der Instrumentenabteilung des Gemeentemuseums in Den Haag befindet [Bild 99]. Hier haben „die Seyten keine horizontale Lage, sondern sie gehen in die Höhe". In den Hauptteilen aber ist es „ein wirklich Clavicymbel". Die Mechanik ist freilich etwas komplizierter, denn hier fallen die horizontal liegenden Docken nicht mehr durch ihr Eigengewicht zurück, sondern müssen durch Metallfedern in ihre ursprüngliche Lage zurückversetzt werden. Ihr Hauptvorteil war ihr raumsparendes Äußeres. „Dergleichen Instrumente werden in Deutschland stark gebraucht; denn sie sind bequem, weil sie wenig Raum einnehmen, dienen auch den

98 Rokoko-Porzellangruppe. Der Edelmann spielt seiner hingegeben lauschenden Dame auf einer *chitarra battente* vor, einer italienischen Variante der Gitarre mit stark gewölbtem Boden

Zimmern zur Zierde", sagt schon Athanasius Kircher in seiner berühmten *Musurgia*. Es ist schwierig, die Entstehungszeit des Klaviziteriums genau festzusetzen. 1511 wird es von Sebastian Virdung in seiner *Musica getutscht und außgezogen* abgebildet und bei seinem Namen genannt. Ein wohl vom Anfang des 16. Jahrhunderts stammendes Instrument befindet sich in London, im Royal College of Music [Bild 100]. Bereits zu Ende des 15. Jahrhunderts aber sehen wir ein kleines, tragbares Klaviziterium in den Händen eines – am Sockel einer Figur des Kefermarkter Altares (Oberösterreich) angebrachten – Engels.

Zwei andere Klavizitheria von Albert Delin finden sich in der Berliner und Brüsseler Instrumentensammlung. Bei beiden ist der Resonanzboden mit Blumendekor bemalt. Das Instrument aus Den Haag besitzt eine schöne Rosette mit einem von den Initialen A. D. flankierten Engel. Das Gehäuse des Klaviziteriums ist strahlend weiß lackiert und über und über mit vergoldeten Ornamenten bedeckt, eine für das Rokoko sehr charakteristische Kombination. Ihr Geranke und rastlos pflanzliches Leben scheinen das Instrument fast zu verschlingen. Der Resonanzboden verschwindet unter virtuos durchbrochenem Schnitzwerk, das an einigen Stellen Blumen erblühen läßt und im Mittelteil ein sprühendes Knäuel von allerlei Musikinstrumenten ausbildet. Das Prinzip des Klaviziteriums lebte fort in Instrumenten wie dem Giraffen- und Pyramidenklavier und findet noch heute im modernen Pianino Anwendung.

Besonders beliebt war im 18. Jahrhundert das KLAVICHORD, ein Tasteninstrument, das durch seinen intimen, zerbrechlichen, dabei aber äußerst nuancierungsfähigen Klang dem empfindsamen Wesen der Epoche sehr entgegenkam. Müde der *clara et distincta perceptio* Descartes', der Vorherrschaft der ordnenden Ratio, flieht man in die schöne Unklarheit der Gefühle, aus der sonnenhellen Geometrie des Verstandes in die schützende Dämmerung des Herzens. Hier wird schon vieles angetönt, was erst in der Romantik zur vollen Blüte reifte. Als Gegenpol zur spielerischen Frivolität des Rokoko haben wir hier seine Herzensseite.

Die durch das Prinzip der Tonerzeugung bedingte Zartheit des Klavichordtones wird im Rokoko zu einem positiven Charakteristikum. Eine Deutung des Namens versucht Jakob Adelung: „Das Clavichordium hat den Namen von *chorda*, eine Seyte, und *clavis*, Schlüßel; oder von *cor*, das Herz... und würde die letzte Derivation daher seyn, weil das Clavicordium, wenn es rechter Art ist, und recht gespielet wird, so herzrührend und weit anmutiger, als die meisten andern Instrumente, klinget." Besondere Wertschätzung hat das Klavichord in Deutschland im 18. Jahrhundert gefunden, das sogar gelegentlich als das „wahre Vaterland" dieses Instruments bezeichnet wird. Hier finden sich die meisten Liebhaber für das „einsame, melancholische, unaussprechlich süße Instrument", wie es der Dichter Schubart apostrophierte [Bild 101].

Das Klavichord war das Tasteninstrument, auf dem man dynamisch nuancieren konnte. Das Hammerklavier war noch ein Neuling und konnte sich nur langsam durchsetzen. Was man aber sogar auf dem Hammerklavier nicht konnte, die Beeinflussung des bereits angeschlagenen, klingenden Tones, war auf dem Klavichord möglich durch die sogenannte Bebung, eine Art gesteuertes Vibrato. Die Bebung wird in der Regel auf „langen und affektiösen" Noten angebracht und entsteht, wenn man „die Taste mit dem

99 *(linke Seite)* Klaviziterium von Albert Delin, zweite Hälfte des 18. Jahrhunderts, mit charakteristischen Rocaille-Ornamenten
100 *(rechts)* Das älteste bekannte Klaviziterium, das sich erhalten hat; frühes 16. Jahrhundert. Die Schalllöcher sind teils in gotischen Architekturformen gehalten

Nächste Seite
101 Deutsche gebundene Klavichorde, 18. Jahrhundert: *(oben)* ein Instrument ohne Deckel; *(unten)* ein Instrument von Johann Weiss, 1702. Beim gebundenen Klavichord werden durch entsprechende Anordnung der Tangenten auf einem Saitenchor mehrere Töne hervorgebracht
102 Ungebundenes Klavichord von Johann Adolf Hass, Hamburg, 1755
103 Ruckers-Cembalo in einem in Rocaillenart reich verzierten Rokokogehäuse (1573)

101

102

103

Finger gleichsam wiegt" (C. Ph. E. Bach). Nach Schubart können auf dem Klavichord

> nicht nur die musicalischen Localfarben, sondern auch die Mitteltinten, das Schwellen und Streben der Töne, der hinschmelzende unter den Fingern verathmende Triller, das Portamento oder der Träger, mit einem Wort, alle Züge bestimmt werden, aus welchen das Gefühl zusammengesetzt ist. Wer nicht gerne poltert, rast und stürmt; wessen Herz sich oft und gern in süssen Empfindungen ergiesst – der geht an Flügel (= Cembalo) und Fortepiano (= Hammerklavier) vorüber, und wählt ein Clavicord.

Unter den Komponisten, die sich dem Klavichord verschrieben hatten, ist hier vor allem Carl Philipp Emanuel Bach zu erwähnen, der selbst ein ausgezeichneter Spieler des Instrumentes war. Reichardt berichtet von ihm, daß er nicht nur „ein recht langsames sangbares Adagio mit dem allerrührendsten Ausdruck, zur Beschämung vieler Instrumentalisten, die auf ihrem Instrument mit weit weniger Mühe der Singstimme nahekommen könnten" spielte, sondern auch lange Töne „mit allen verschiedenen Graden der Stärke und Schwäche" auszuhalten vermochte. Für die Kenner und Liebhaber jener Tage schrieb er seine beseelten Sonaten, Fantasien und Rondos für Klavichord, und wurde damit einer der großen Poeten der Musik für Tasteninstrumente.

Besonders gute Klavichorde wurden in Hamburg gebaut: „Hier in Hamburg wohnen Leute", schrieb Mattheson, „die alle Jahr Clavichordia, soviel sie nur machen können, nach England, nach Spanien, nach Holland etc. senden." Zu den besten gehörte Johann Adolph Hass. Ein zweichöriges, im Baß dreichöriges, ungebundenes Klavichord, signiert mit *J. A. Hass, Hamb Anno 1755*, befindet sich im „Musikhistorisk Museum" in Kopenhagen. (Zweichörig bedeutet eine zweifache Saitenbespannung je Ton, dreichörig eine dreifache. Ungebunden heißt, daß hier jedem Saitenchor (Saitenpaar bzw. drei Saiten) jeweils ein Ton zugeordnet ist. Das Instrument ist kostbar ausgeführt. Die Untertasten sind mit Elfenbein belegt, die Obertasten mit Schildpatt und aufgesetzten Ornamenten aus Elfenbein. Das Gehäuse ist in hellem Rot lackiert, die Innenseite des Deckels mit einer Landschaft im modischen „Chinoiserien"-Stil bemalt. (Dieser quasiromantische Zug zur „Maraviglia" des Fernen, Exotischen hatte schon vor dem Rokoko begonnen, fand aber erst hier seine volle Entfaltung. Ein unvergeßlicher Auftakt dazu war ein Ball des Sonnenkönigs Ludwig XIV. in Marly gewesen, der mit einem Divertissement *Le Roy de la Chine* begann. Das von Ludwig XV. so geliebte Château de la Muette war ganz in chinesischem Stil eingerichtet. (Die „Chinoiserie" ist übrigens ja auch noch in manchen Operetten des 19. und 20. Jahrhunderts, wie in Puccinis „Turandot", Lehars „Land des Lächelns" u. a. lebendig!) Das zarte Gelb und Grün der Deckelbemalung bildet einen angenehmen Kontrast zum hellen, lebhaften Rot des Gehäuses, der Resonanzboden ist mit gemalten Blumen bestreut [Bild 102].

Ebenfalls in Kopenhagen, in Carl Claudius *Musikhistoriske Samling*, befindet sich ein mit schöner Rocaillenschnitzerei verziertes ORGELPOSITIV süddeutscher Herkunft [Bild 97]. Das eigentliche Instrument, Pfeifwerk und Mechanik, sind vom Balgkasten, auf den sie aufgesetzt sind, getrennt. Der „Rocaillen"-Vorhang läßt uns aufs hölzerne Gedackt der abfallend angeordneten Pfeifenreihen blicken. „Das Gedackte 8' kann zur Musik wohl gebraucht werden, welches ich ohnedieß bey allen Positiven für nothwendig erachte" (Adelung). Auf der Innenseite der beiden verschließbaren Türchen finden sich wieder jene so beliebten gemalten Instrumentenbündel. Wir erkennen u. a. Blockflöten, Zinken, Oboen, Violen, ein Trumscheit, Fagotte, einen Serpenten (ein schlangenförmig gewundener Baßzink), Lauten usw. Als Bekrönung sitzt am Giebel ein kühnes Rocaillenornament in Schnitzarbeit auf, in seiner Mitte ein bemaltes Medaillon mit der Darstellung einer Positiv spielenden hl. Cäcilia, der Schutzpatronin der Musik. Der Balgkasten besitzt ein reich verziertes Innenfeld sowie zu beiden Seiten Rocaillen und Bandornamente mit Akanthusblättern. Der doppelte Balg mit Windausgleich wird durch ein Fußpedal vom Spieler

104 Halleluja-Allegorie. Ein fast zerplatzendes Instrumentenknäuel: Viola da Gamba, Violine, Harfe, Laute, Blockflöte, Querflöte, Oboe, Fagott, Hörner, Trompeten und Pauken. An der linken Seite ein großes Cembalo von schlichter Form und eine Orgel mit bemalten Seitenflügeln, die König David beim Harfenspiel zeigen. Stich von J. R. Holzhalb, Zürich 1759

Nächste Seite
105 Trompeterautomat von Friedrich Kaufmann, Dresden 1810. Spielautomat mit durchschlagenden Zungen, die mittels des üblichen Stiftwalzensystems ausgelöst wurden. Das Geheimnisvoll-Zauberhafte der Spielautomaten hatte die Menschen seit der Renaissance begeistert. Noch heute haben Spieldosen und Kuckucksuhren eine ähnliche Wirkung
106 Kombiniertes Notenpult für vier Spieler, Italien, Mitte 18. Jahrhundert. Die Bemalung zeigt zwei Violinen und zwei Hörner

106

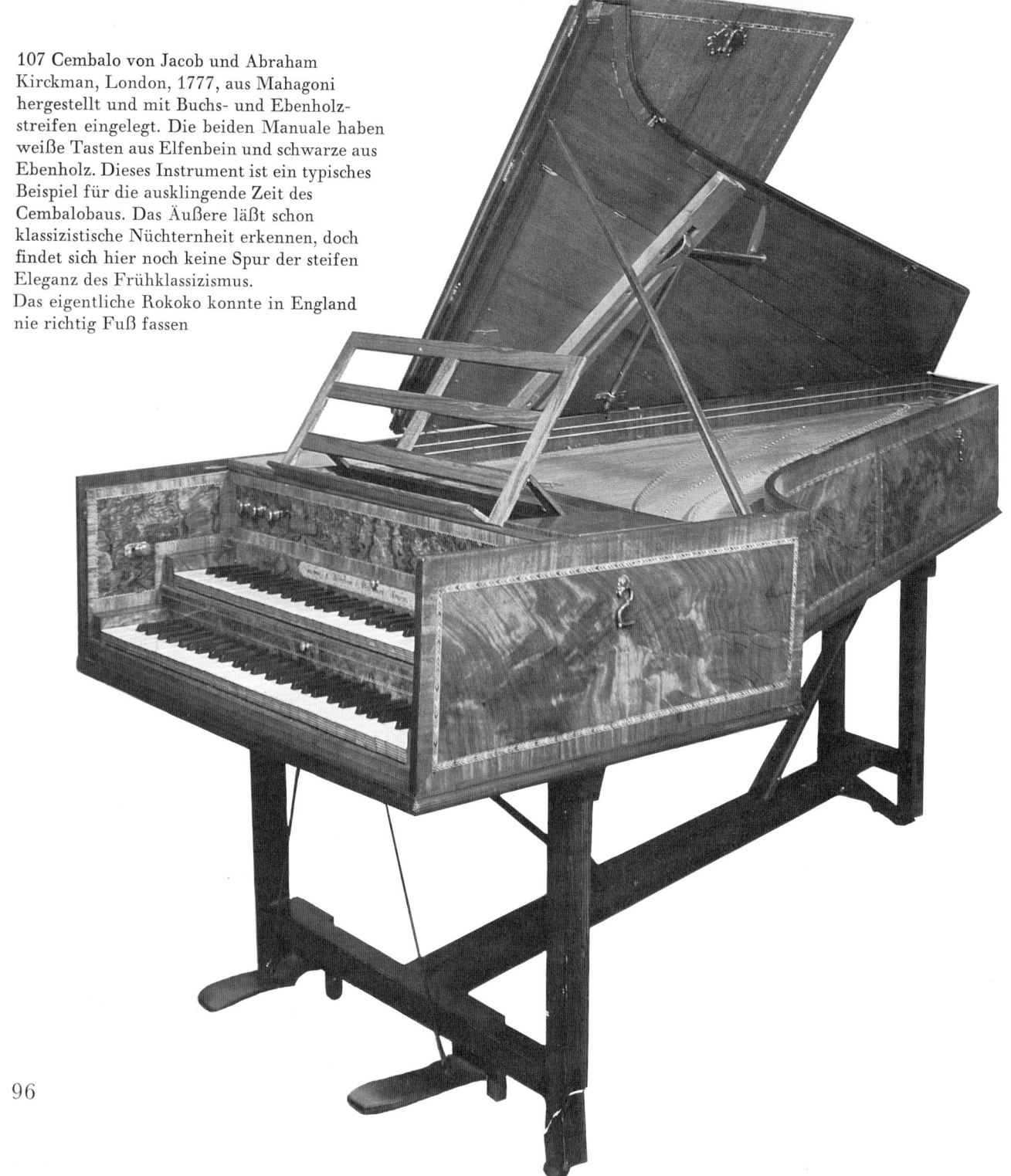

107 Cembalo von Jacob und Abraham Kirckman, London, 1777, aus Mahagoni hergestellt und mit Buchs- und Ebenholzstreifen eingelegt. Die beiden Manuale haben weiße Tasten aus Elfenbein und schwarze aus Ebenholz. Dieses Instrument ist ein typisches Beispiel für die ausklingende Zeit des Cembalobaus. Das Äußere läßt schon klassizistische Nüchternheit erkennen, doch findet sich hier noch keine Spur der steifen Eleganz des Frühklassizismus.
Das eigentliche Rokoko konnte in England nie richtig Fuß fassen

selbst in Tätigkeit versetzt. Ein großer Vorteil, da dabei ein
Mann, der Kalkant, eingespart wird: „Mit dem doppelten
Balge geht es auch an, daß einer allein ohne Calcanten sich
kann lustig machen, wenn er gewohnt ist, accurat zu treten,
daß der Wind nicht mangele" (Adelung). Dieses vom Spiel
der Hände unabhängige Treten erfordert allerdings einige
Übung. Heute wird die Luft stets durch eine Windmaschine,
einen kleinen Motor, in die Orgel gepumpt, doch kann der
dadurch entstehende, völlig gleichmäßige, ja starre Orgelton
an Lebendigkeit und Beseeltheit nicht mit dem fast organischen „Atmen" der Bälge verglichen werden.

Im letzten Drittel des Jahrhunderts wird England im
Cembalobau führend. Der Cembalobau hat seine Endphase
erreicht. Es mutet jetzt fast wie ein Ringen um die Existenz-
berechtigung des Instrumentes an. Sein Tonumfang wird
noch über die fünf Oktaven hinaus erweitert. Die Klang-
palette enthält Lautenregister, Nasalregister, mit Lederzun-
gen (anstatt mit Federkielen) angerissene Register usw.
„Machine stop's" ermöglichen blitzschnelles Wechseln vom
vollen Werk zu einem Einzelregister, Fußpedale erleichtern
den Registerwechsel (der bisher stets nur durch Handzüge
erreicht wurde). Schließlich versucht man auch der undyna-
mischen Starrheit des Cembaloklanges durch allerlei Schwell-
einrichtungen abzuhelfen. Der aus dem Kanton Glarus
(Schweiz) gebürtige Burghard Tschudi (anglisiert Burkat
Shudi) zusammen mit seinem Schwiegersohn John Broad-
wood sowie der aus dem Elsaß (Deutschland) stammende
Jacob Kirchmann (anglisiert Kirckman) sind die bedeutendsten Vertreter des englischen Cembalobaues der Spätzeit. In
der Benton Fletcher Collection of Early Keyboard Instruments im Fenton House (Hampstead) befinden sich einige
schöne Cembali von Tschudi und Kirckman. Sie ähneln ein-
ander in der äußeren Erscheinung sehr. Es sind Instrumente
von riesigen Ausmaßen. Der Korpus ist meist mit Mahagoni
oder Nuß furniert. Die Untertasten sind aus Elfenbein, die
Obertasten aus Ebenholz. Die Linienführung ist streng und

108 Geigen- und Cellospieler in einer
Rocaillenlandschaft. Das Ornament dringt
im Rokoko in alle Lebensbereiche ein.
Kupferstich von J. R. Holzhalb, *Musikalische
Neujahrsgeschenke*, Zürich, 1761

Nächste Seite
109 Cembalo von Andreas Ruckers, 1640,
umgebaut von Pascal Taskin. Die Dekoration
des Gehäuses wurde völlig dem klassizistischen
Stil angepaßt. Die antikisierende Ornamentik
ist im Stil pompejanischer Grotesken und
Wandfriese gehalten
110 Teil einer Radleier von Pierre Louvet
[Bild 123], Paris, 1770. Blick in den Tangentenkasten und auf den schön geschwungenen
in einem Frauenkopf endenden Wirbelkasten.
Die vornehme Ausstattung entspricht der
Verwendung der Radleier im 18. Jahrhundert
als vornehmes Liebhaberinstrument

97

gerade. Alles Runde wird soweit als möglich vermieden. So entsteht ein Gesamteindruck von Schwere, Geradheit, Nüchternheit. – Seit 1772 sind die Instrumente Jacob Kirckmans von seinem Neffen Abraham Kirckman mitsigniert. Eine Gemeinschaftsarbeit der beiden (mit *JACOBUS ET ABRAHAM KIRCKMAN LONDONI FECERUNT 1777* auf dem Vorsatzbrett signiert) besitzt an der rechten Seite ein Pedal zur Betätigung des „Nag's Head Swell", einer Deckelklappe, die ein graduelles Crescendo ermöglicht. Das sind natürlich dem Cembalo wesensfremde Elemente, die eine echte natürliche Dynamik, wie sie bei Klavichord und Klavier möglich ist, nicht ersetzen können. Trotz aller dieser Erweiterungen, Zusätze usw. kann sich das Cembalo nicht mehr behaupten.

111 Harfenlyra von Carlo Scalfi, frühes 19. Jahrhundert, eines der reizvollsten Empire-Instrumente. Die Jocharme enden in runden Scheiben mit der Darstellung des Mondes im blauen Sternenhimmel und der Sonne in weiblicher Personifizierung. Die Seitenteile des Instruments sind mit stilisiertem vergoldetem Blattwerk überzogen

FÜNFTES KAPITEL

Klassizismus

Die flackernde, verspielte Lebendigkeit des Rokoko wird durch eine neu erwachte Besinnung auf das Maß der klassischen Antike gedämpft. Die wuchernde Ornamentik wird wiederum von der Struktur her aufgefangen, und die Klarheit der Linien zügelt die organische Lebendigkeit der Verzierungen. Auch die überreiche Ornamentik der Musik, unter deren Rankenwerk der melodische Duktus oft fast verschwand, wird mehr und mehr zurückgedrängt. Der schon latent vorhandene Zug zur Schlichtheit des Natürlichen wirkte sich unter anderem in volksliedhafter Periodizität des Melodiebaus aus.

Den neuen Vorstellungen entsprechend, wurden nun ältere Instrumente innen und außen verändert. Ein gutes Beispiel dafür ist das in der Pariser Sammlung des Conservatoire befindliche CEMBALO von Andreas Ruckers (1640), das 1780 von Pascal Taskin umgebaut wurde [Bild 109]. Taskin, von 1781 bis 1790 *garde des instruments du roi*, war einer der führenden französischen Cembalobauer. Er hat den zweimanualigen Kielflügel des Andreas Ruckers nach der Höhe und Tiefe um einige Töne erweitert, was man damals *ravalement* nannte und häufig bei älteren Instrumenten anwandte. Diese Erweiterung des Tonumfangs bei Tasteninstrumenten setzte eigentlich schon im Mittelalter ein und ist heute immer noch nicht abgeschlossen. Während die Deckelinnenseite des Cembalos von Ruckers und Taskin noch die Malerei des 17. Jahrhunderts trägt, entsprechen die Be-

112 *(nächste Seite)* Doppelpedal-Harfe mit 43 Saiten von Sebastian Erard, London, frühes 19. Jahrhundert, mit feinem klassizistischem Schmuck nach antiken Vorbildern. Im 18. Jahrhundert erlangte die Harfe, z. T. zweifellos wegen ihrer dekorativen Wirkung, große Beliebtheit als „vornehmes" Instrument der Dame. Sie wird auch heute noch, selbst in weiberfeindlichen Orchestern, vorwiegend von Frauen gespielt
113 *(übernächste Seite)* Pyramidenklavier von Conrad Graf, 1829 (s. S. 116)

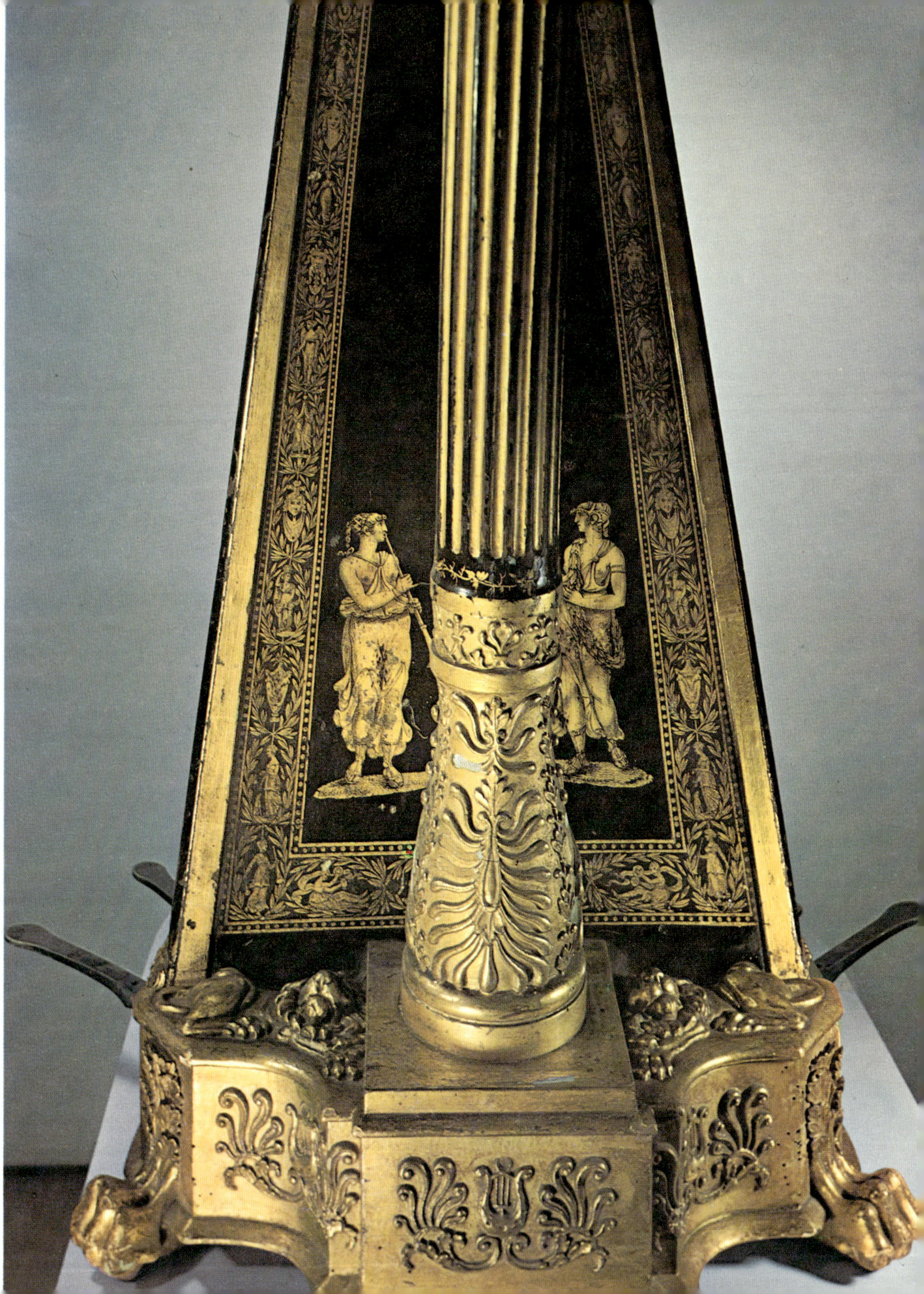

113

114 Musik und Geometrie in allegorischer Darstellung; aus einem Stich des 19. Jahrhunderts. Die Gestalt der Musik hält eine Leier – ein Motiv, das sich in den Dekorationen der Musikinstrumente der klassizistischen Zeit immer wieder findet

malung des Gehäuses sowie des Untergestells ganz dem Stil der Zeit Taskins.

Allerdings waren die Tage des Cembalos trotz *ravalement* gezählt, und erst in unserer Zeit fand es wieder Aufgaben und Interesse. Sein gravitätischer, „pompichter" Klang war zu aufwendig für den vorromantischen Geschmack. Große Meister der Musik, wie Haydn und Mozart, die zunächst noch das Cembalo einsetzten, wandten sich immer mehr dem HAMMERKLAVIER zu, das der siegreiche Nachfolger wurde. Die Geschichte des Hammerklaviers ist übrigens ein gutes Beispiel dafür, daß ein Instrument sich dann durchsetzt, wenn es den Klangvorstellungen der Zeit entspricht. Die Mechanisierung des Hackbretts durch ein Tastensystem – nichts anderes ist das Klavier im wesentlichen – lag in der Luft.

Der geblasene Klang wird bereits in der Antike in Gestalt der Wasserorgel (Hydraulos) mechanisiert. Das Streichen einer Saite wurde spätestens seit dem 10. Jahrhundert in Form der Dreh- oder Radleier mechanisiert. Das Zupfen der Saite mittels eines Plektrums wurde spätestens seit dem 15. Jahrhundert durch einen Tastenmechanismus betrieben. Das Klavichord, vermutlich im 12. Jahrhundert bereits vorhanden, stellte schließlich die kombinierte Mechanisierung der Saitenteilung beim Monochord und der Tonerregung durch Anschlagen einer Saite beim Hackbrett dar. Daß man nun die beim Hackbrett angewendete Art der Tonerregung (wobei die Saiten durch kleine Klöppel angeschlagen werden, die nach erfolgter Tonerregung wieder zurückschnellen) auf direktem Wege mechanisierte, lag nahe. In einem lateinischen Manuskript der Pariser Bibliothèque Nationale aus dem 15. Jahrhundert wird ein sogenanntes *Dulce melos* beschrieben, ein Saiteninstrument, bei welchem die Saiten in Vertikalbewegung von unten angeschlagen wurden, nicht in kreisförmiger wie beim späteren Hammerklavier. Immerhin liegt hier eine Art mechanisiertes Hackbrett vor.

Erst gegen 1698 wird am Hofe der Medici in Florenz das Hammerklavier in seiner modernen Form von Bartolomeo Christofori „erfunden". In diesem Jahr begann, nach jüngsten Forschungen Mario Fabbris, der „Cembalaro" Bartolomeo Christofori auf Anregung von Ferdinando dei Medici sich mit der Konstruktion von *Cimbali con piano e forte*, das heißt von Flügeln mit Hammermechanik, zu befassen. Principe Ferdinando hatte den Wunsch, Tasteninstrumente zu besitzen, die „die Sprache des Herzens, einmal mit zartem Engelsanschlag, dann wieder mit wildem Leidenschaftsausbruch" wiedergeben könnten. Bereits im Jahre 1700 wird im Musikinstrumenteninventar Ferdinando dei Medicis die Erfindung wie folgt beschrieben: „Ein *Arpicembalo* des Bartolomeo Christofori, eine neue Erfindung, welche das Piano und Forte wiedergibt ... mit einigen Dämpfern mit rotem Tuch, welche die Saiten berühren, und einigen Hämmern, die das Piano und Forte bewirken." Daß diese frühesten Instrumente Christoforis technisch bereits erstaunlich ausgereift waren, beweisen Skizze und Beschreibung des Marchese Maffei von 1711 [Bild 115]. In Italien schlief das Interesse bald wieder ein. Christofori, der dieses Instrument *Gravicembalo col piano e forte* nannte, wodurch er die dynamische Beweglichkeit dieses Instruments hervorheben wollte, baute auch weiterhin die üblichen Gravicembali mit Zupfmechanismus. Auch die Modelle für *clavecins à maillets*, Cembali mit hölzernen Hämmerchen, die der Franzose Marius 1716 der Königlichen Akademie vorgelegt hatte, hatten keine wesentlichen Nachwirkungen.

Die italienische Erfindung wird in Deutschland von Gottfried Silbermann aufgegriffen, der die ersten deutschen Hammerklaviere baut. Ein besonderer Liebhaber dieses neuen Instruments scheint der komponierende und Flöte spielende Friedrich der Große gewesen zu sein, in dessen Besitz sich mehrere prunkvolle Hammerklaviere Silbermanns befanden. In Potsdam hat auch Johann Sebastian Bach bei seinem Besuch des Preußenkönigs die Instrumente gespielt und sie für gut befunden. Trotzdem scheint Bachs Interesse nicht besonders groß gewesen zu sein, da er, ob-

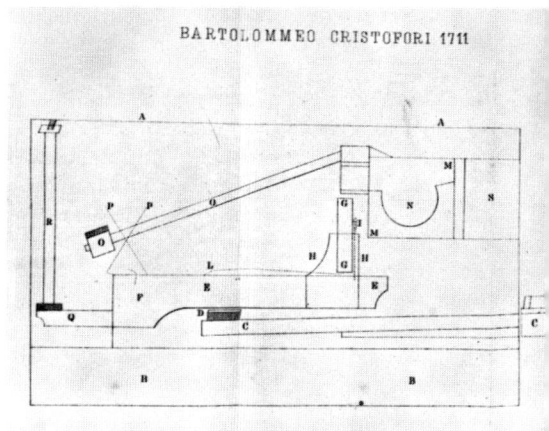

115 Erste bekannte Darstellung einer Hammerklaviermechanik durch den italienischen Marchese Maffei (1711). Die durch diese Mechanik mögliche dynamische Modulation des Tones, verbunden mit größerer Klangfülle, als das Klavichord leisten konnte, gab dem Instrument schon in seiner Frühzeit den charakteristischen Namen Pianoforte

116 In der zweiten Hälfte des 18. Jahrhunderts entstand durch Übertragung der rechteckigen Klavichordform auf das Pianoforte das Tafelklavier.

Dieses Tafelklavier von Buntebart & Sievers, London, 1786, hat bereits ein Fußpedal zum Aufheben der Dämpfung, eine Einrichtung, die nur innerhalb eines im wesentlichen unpolyphonen Stils sinnvoll ist. Vom Cembalo übernommen ist der mit der Hand zu bedienende Lautenzug, eine Abdämpfungsvorrichtung für die Saiten, wodurch ein abgerissener, lautenartiger Ton entsteht

wohl mit Silbermann befreundet, für sich selbst kein Hammerklavier in Auftrag gab. Auch Friedrich der Große hat später keine weiteren Hammerklaviere, wohl aber neue Cembali angeschafft. Noch lange stieß das Hammerklavier auf erbitterte Ablehnung. Das „Fortepiano" wurde als ein „Lärmkasten, wo ein Ton paukt, einer klappert, einer schwirrt" bezeichnet, „der jedes Gefühl mit Hämmern erschlägt" (Hermes jun.). Dabei waren die damaligen Hammerklaviere, leicht und elegant gebaut wie Cembali, unglaublich zart und leise im Vergleich zu unseren modernen Klavieren.

Erst gegen Ende des Jahrhunderts gelang der volle Durch-

bruch, als die Musik immer mehr nach einem nuancierungsfähigen Tasteninstrument verlangte, das gleichzeitig auch
einer konzertanten Tonfülle mächtig war. „Das Fortepiano
ist in unseren Tagen so verfeinert und verbessert worden,
daß es fähig ist auszudrücken, was Flügel (Kielflügel) und
Klavier (Klavichord), jedes in seiner Art, nur allein zu leisten
vermögend sind", schrieb Bossler in der „Music. Korrespondenz" (1791). Bald begann man in Deutschland, die recht-
eckige Klavichordform auch auf das Hammerklavier zu
übertragen. Dieser neue Typus wurde TAFELKLAVIER genannt. Durch den Siebenjährigen Krieg (1756–63) brotlos
gewordene deutsche Klavierbauer lassen sich in England
nieder und führen schon bald das Tafelklavier auch dort
zum Erfolg. Ein „London 1786" datiertes Tafelklavier von
Buntebart & Sievers – jetzt in der Sammlung in Den Haag –
ist typisch klassizistisch ausgestattet [Bild 116]. Die Deckelbemalung zeigt eine Gesellschaftsszene im Freien: eine idyl-
lische Gartenszenerie mit eleganten Liebespaaren, die durch
einen Sänger mit ausdrucksvollen Gesten, begleitet von
einem Lautenspieler und einem Geiger, musikalisch unterhal-
ten werden. Nachempfundene Anmut des Rokoko! Das Gehäuse ist aus edlen furnierten Hölzern gefugt und nur
sparsam durch ein Cordon-Ornament verziert. Auch die un-
tere Abschlußleiste sowie die sich nach unten verjüngenden
Beine sind mit wenigen Reliefornamenten verziert.

117 Tafelklavier von Benjamin Crehore aus
Milton (um 1800). In Amerika fand das Tafelklavier die größte Verbreitung

Seinen größten Liebhaberkreis fand das Tafelklavier in
Amerika während des ganzen 19. Jahrhunderts. Einer der
bedeutendsten amerikanischen Instrumentenbauer, von dem
sich zahlreiche Tafelklaviere erhalten haben, war Benjamin
Crehore aus Milton. Bild 117 zeigt eines dieser Instrumente,
das sich heute in Pingree House in Salem, Massachusetts, befindet. Die äußere Erscheinung verzichtet mit Ausnahme
schlichter Blumen- und Blattmedaillons auf jeden Zierat.
Alles atmet puritanische Strenge und Funktionalität.

Eines der eigenartigsten Instrumente, so ganz dem Zug
der Zeit nach Empfindsamkeit, Somnambulismus, Mesme-

118 Der ungewöhnliche, sphärische Klang, *acutissimus sonus*, der durch kreisendes Reiben eines Trinkglasrandes entsteht, zog die Aufmerksamkeit des Jesuiten Athanasius Kirchner schon im 17. Jahrhundert auf sich. In seiner *Phonurgia*, 1673, untersucht er dieses Phänomen in dem Kapitel *De prodigiosa sonorum vi et efficacia* (Die wunderbare Kraft und Wirksamkeit der Klänge)

rismus, Magnetismus usw. entsprechend, war die GLASHARMONIKA. Hier wurde das als Gesellschaftsspiel und Zirkusattraktion bekannte Zum-Klingen-Bringen von Gläsern mittels kreisenden Reibens des Glasrandes durch die feuchten Fingerspitzen musikalisch ausgebaut. Bevor sie im 18. Jahrhundert verfeinert und zum Modeinstrument wurde, hatte sie schon früher ihre Vorläufer im einfachen *Verillon*, Glasspiel, *Musical glass* u. a. gehabt. Die Stimmung erfolgt hier durch Einfüllen von mehr oder weniger Wasser. Athanasius Kircher beschreibt die akustische Theorie in seiner *Musurgia und Phonurgia* und schildert die je nach Temperament des Zuhörers verschiedene Klangwirkung bei Verwendung verschiedener Flüssigkeiten (Branntwein, Wein, destilliertes Wasser, Meerwasser, gewöhnliches Wasser).

Aus dem 18. Jahrhundert sind uns die Namen einiger großer Virtuosen bekannt. Viel von sich reden machte ein Ire namens Pockrich, der auf *twenty six drinking glasses tuned with springwater* spielte.

Der als Staatsmann und Physiker berühmte Benjamin Franklin hat 1763 in London das Instrument mechanisiert. Die durch ihre Größe abgestimmten Glasschalen werden auf eine waagerechte Achse gereiht, die mittels eines Fußpedals in Umdrehung versetzt werden kann. Der Ton entsteht dadurch, daß die Finger mit sanftem Druck gegen die rotierenden Glasschalen gesetzt werden, wobei die enge Aneinanderreihung der Glasschalen auch ein Akkordspiel gestattet. Als berühmte Spieler dieses verbesserten Instruments, von Franklin *Armonica* genannt, sind zu erwähnen die Engländerin Miss Davis, O. J. Frick, Naumann, C. F. Pohl senior und vor allem die hochbegabte, blinde Marianne Kirchgessner (1770–1808), der Mozart in seinem Todesjahr ein Adagio und Rondo für Glasharmonika, Flöte, Oboe, Viola und Cello sowie ein Adagio für Glasharmonika allein komponierte. Über ihr Spiel äußerte sich der *Hamburgische Correspondent* von 1792: „Ihr Adagio ist hinreißend und ihr Allegro wirkt bewunderungswürdig. Sie spielt das

Instrument mit einer Leichtigkeit, als wenn sie ein Klavier unter den Händen hat und macht Manieren und Triller, dergleichen man bis jetzt für unmöglich hielt."

Der zarte, dabei alle Nerven durchdringende, sphärische Klang ist von unnachahmlichem Zauber. Hier wirkt wie in ältesten, vorgeschichtlichen Zeiten, noch der Klang als solcher gleichsam magisch auf den Menschen ein. Mit unvergeßlichen Worten schildert der Dichter Jean Paul in seinem Erziehungsroman *Titan* (1800–1803) Klang- und Gefühlswelt der Harmonika, die er „gläsernes Heiligenhaus der Tonmuse" nennt:

> Der Zephyr des Klanges, die Harmonika, flog wehend über die Garten-Blüten – und die Töne wiegten sich auf den dünnen Lilien des aufwachenden Wassers und die Silberlilien zersprangen oben vor Lust und Sonne in flammige Blüten – . . . Hältst du denn dein Herz, Albano, daß es mit seinen Freuden und Leiden verborgen bleibt, wenn du die stille Jungfrau im Mondschein der Töne wandeln hörst?

Im Verlauf des 19. Jahrhunderts stirbt das Instrument langsam aus. Heute haben wir wieder einen Glasharmonikavirtuosen, den Deutschen Bruno Hofmann, dessen Spiel auch auf einigen Schallplatten festgehalten ist. Er benutzt allerdings wieder das ältere, vorfranklinsche Prinzip, wobei den Händen auch die rotierende Bewegung zufällt, da seiner Meinung nach das Spiel so noch subtiler und kontrollierter ist.

Es ist nicht bekannt, wer die Glasharmonika der Berliner Sammlung um 1800 hergestellt hat. Die eng ineinandergeschachtelten Glasschalen sind in einem schlichten, rechteckigen Mahagonigehäuse untergebracht. Das Pedal mit einem Antriebsriemen für das unsichtbar im Innern befindliche Schwungrad ist an einer Querleiste befestigt, die mit den beiden Vorderfüßen verbunden ist [Bild 119]. Der Tonumfang beinhaltet dreieinhalb Oktaven (44 Glasschalen).

Ein anderes Modeinstrument des 18. Jahrhunderts ist die dem ätherischen Klangcharakter der Glasharmonika sehr entgegengesetzte RADLEIER. In der Vorliebe für den Klang der Radleier kommt eine andere Gefühlsrichtung zum Aus-

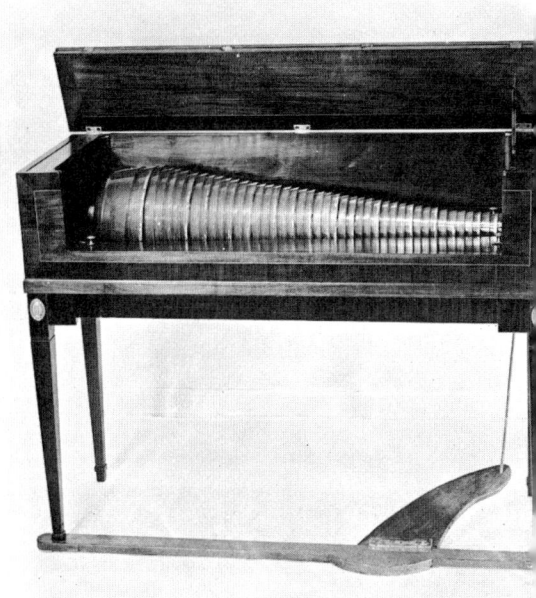

119 Glasharmonika unbekannter Herkunft, um 1800. Die mit den schwarzen Klaviertasten korrespondierenden Glasschalen sind durch goldene Ränder gekennzeichnet

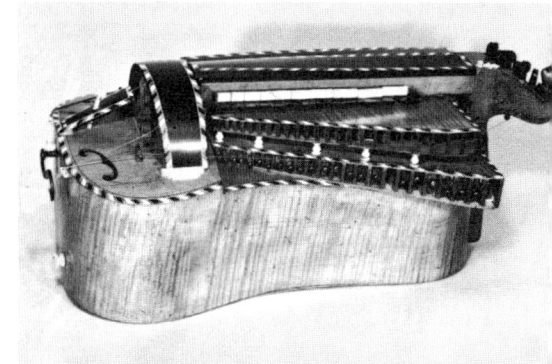

120 *Vielle organisée* von César Pons aus Grenoble, spätes 18. Jahrhundert, ein Instrument, das außer Saiten auch Orgelpfeifen hat. Der hohe, gitarreähnliche Korpus enthält die Luftbälge

121 Bettlerstreit. Radierung von Jacques Bellange. Im 17./18. Jahrhundert galt die Radleier als Instrument der Bettler und Bauern

122, 123 (rechte Seite) Gitarrenförmige Radleier (vielle en guitare) von Pierre Louvet, Paris, 1770. Im Tangentenkasten (unteres Bild) sind die Tangenten, um die Stimmung korrigieren zu können, nach links und rechts verstellbar. Die eingeschaltete Spielsaite ist zur Verbesserung des Klanges mit Watte umwickelt. Auf der inneren Deckelseite die deutlich lesbare handgeschriebene Signatur

druck: der Drang zum einfachen Leben, zum Pastoralen, Rustikalen, der sich auch in der modischen Bevorzugung von Instrumenten wie dem Dudelsack manifestierte. Die Radleier ist ein mechanisiertes Streichinstrument. Der streichende Bogen wird durch ein mit Kolophonium bestrichenes Kurbelrad, die die Saiten verkürzenden Finger werden durch Stoßtangenten ersetzt. Neben den meist doppelten, im Einklang gestimmten Melodiesaiten besitzt das Instrument noch weitere tiefe Bordunsaiten, die dudelsackähnliche Orgelpunkte halten. Dadurch entsteht eine der einfachsten und urtümlichsten Formen der Mehrstimmigkeit, wie sie heute noch in der außereuropäischen Musik angewendet wird. (Dieser Elementarkontrast von gleichbleibender Ruhe und sich wandelnder Bewegung spricht den Menschen immer wieder in eigentümlicher Weise an. In der magischen Musikwelt wird darin der Kampf des Guten mit dem Bösen, des Lebens mit den Todesmächten gesehen, wie etwa in den Riten der Bora-Indianer vom Amazonas-Strom.)

Die Radleier ist zugleich ein schönes Beispiel für den Bedeutungswandel eines Instrumentes. War sie im Mittelalter in den Händen der Engel und Heiligen zu sehen, so wird sie im 16. Jahrhundert schon kaum mehr von den Theoretikern erwähnt und 1618 von Michael Praetorius als „Bauern- und umlaufende Weiber-Leyer" nur mehr voll Verachtung angeführt. Im 18. Jahrhundert erlebte sie erneut eine plötzliche Blütezeit und fand Aufnahme in Virtuosen- und höchsten Gesellschaftskreisen, um im 19. Jahrhundert wieder zur Bettler- und Bauernleier abzusinken. Der Leiermann aus Schuberts tieftraurigem, gleichnamigem Lied ist übrigens ein Radleierspieler, worauf auch die Struktur der Klavierbegleitung hinweist. In Frankreich lebt sie heute noch als Bettler- und Bauerninstrument weiter, und man kann sie in der Pariser Métro noch gelegentlich hören.

Ein stetes Auf und Ab – regno, sum sine regno – wie in allem Leben: Was einer Zeit schön erscheint, ist einer anderen häßlich. Zu Anfang des 18. Jahrhunderts, zu einer Zeit,

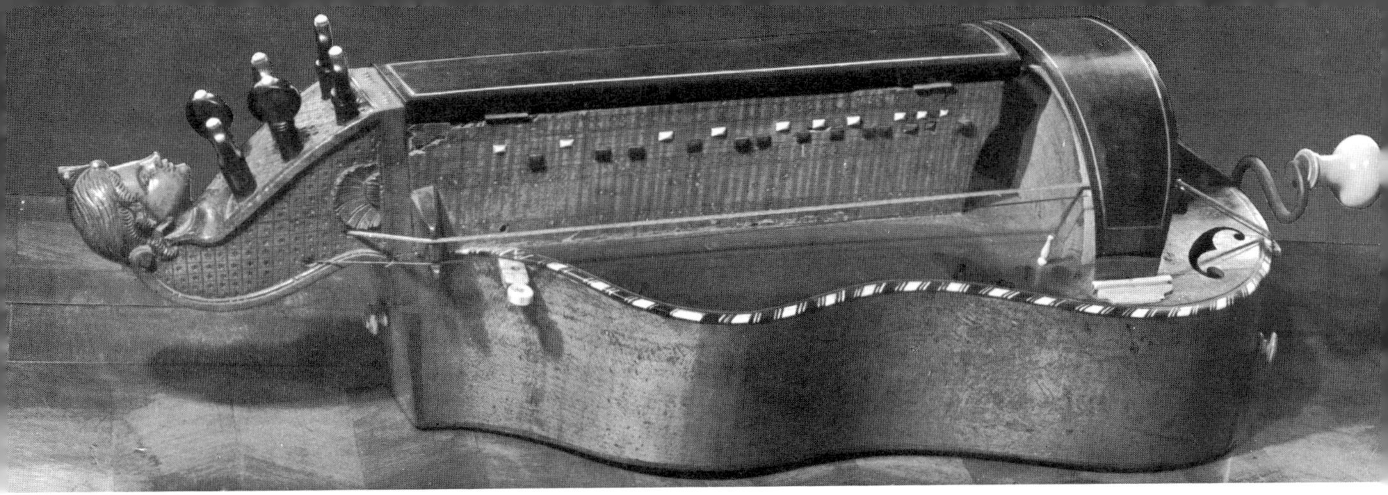

faite par Louvet
le ? ????
10 X bre 1776

als die Radleier zusammen mit dem Dudelsack wieder salonfähig und von „höchsten Herrschaften" gespielt wurde, galt die Geige noch als eines Edelmannes unwürdig. Voltaire geißelt das Geigenspiel mit den Versen:

O Chapelain! toi, dont le violon
De discordante et gothique mémoire
Sous un archet maudit par Apollon,
D'un ton si dur a raclé son histoire.

(O Chapelain, Du, dessen Geige, mißtönigen und barbarischen Angedenkens, ihre Geschichte unter einem von Apoll verdammten Himmel mit so hartem Ton heruntergekratzt hat.)

Die Schäfermode, und damit die Vorliebe für Radleier und Dudelsack, blieb das ganze 18. Jahrhundert hindurch am Leben. Sogar Joseph Haydn hat für das Instrument Konzerte geschrieben, die dem König von Neapel gewidmet waren, einem begeisterten Spieler der Radleier. Allerdings handelte es sich hier um die sogenannte LYRA oder *vielle organisée*, eine um kleine Orgelpfeifen und einen Balgmechanismus bereicherte Radleier [Bild 120]. Auch zahlreiche berufsmäßige Virtuosen haben sich der Vielle im 18. Jahrhundert angenommen. Unter Ludwig XIV. waren es vor allem Janot und La Roze, die Aufmerksamkeit und Enthusiasmus der adeligen Dilettanten erregten. Unter Ludwig XV. wurde Baton als Virtuose und Komponist berühmt.

Freilich stieß das Instrument vielfach auch auf Ablehnung wegen seines näselnden, scharfen und starren Klangs, der durch das Leiern und Quietschen des Rades und andere Nebengeräusche bedingt war. So beschrieb der Abbé Carbassus in seinem Brief *Sur la mode des instruments de musique* (1739) die Radleiermusik als eine „permanente Katzenmusik, der man als Begleitung das Gekrächze der Frösche und als Baß das vom Rad eines Messerschleifers erzeugte Surren und Rattern hinzufügen kann".

Einer der berühmtesten Radleiernbauer war der in Paris arbeitende Pierre Louvet, genannt der „Stradivarius der

Radleiernbauer". Ein hübsches Instrument von ihm befindet sich im Besitz des Autors in dessen Wiener Privatsammlung. Der Körper des Instrumentes ist einer Gitarre ähnlich. Die beiden Melodiesaiten, die *Chanterelles*, liegen wie stets in der Mitte. Zu beiden Seiten, dem Einfluß der Stoßtangenten entzogen, sind je zwei Bordunsaiten angebracht, die nach Belieben ein- oder ausgeschaltet werden können. Sie werden *trompette, mouche, petit bourdon* und *grand bourdon* genannt. An der einen Seite des Instrumentes sind überdies noch sechs mitschwingende Sympathiesaiten angebracht, eine Neuerung, die Baton zur Verbesserung des Klanges einführte. Das Instrument verfügt durch die Anbringung von 23 Tangenten über einen Umfang von zwei vollchromatischen Oktaven und ist an der Innenseite des Deckels des Tangentenkastens handschriftlich bezeichnet: *faitte par Louvet à Paris Rue St. Martin le 10 X^{bre} 1770* [Bilder 110, 120, 123].

Während der folgenden napoleonischen Ära wurde die Rückbesinnung vor allem auf die römische Antike geradezu zu einer modischen Leidenschaft, die sich nicht zuletzt infolge des ägyptischen Feldzuges von 1798 auch auf ägyptische Antiquitäten ausdehnte. Die stets leichtfüßige Eleganz des Klassizismus des 18. Jahrhunderts wurde jetzt schwer und feierlich. Dunkle Hölzer, wie Mahagoni und Palisander, wurden bevorzugt, schwere Bronzeauflagen waren an der Tagesordnung, und antike Formen und Embleme wurden oft sklavisch nachgeahmt. Diese Tendenzen sind bis gegen Mitte des 19. Jahrhunderts spürbar und werden gelegentlich, in einem sogenannten Zweiten Empire, in der zweiten Jahrhunderthälfte wiederbelebt. Direkte musikalische Parallelen lassen sich hier kaum finden, wenngleich die Instrumente jener Zeit, wenigstens äußerlich, die Einflüsse des herrschenden Stils zeigten! Typischen Empiredekor zeigt ein PEDAL-HAMMERFLÜGEL von Joseph Brodmann in der Instrumentensammlung der Wiener Hofburg. Das Gehäuse als solches ist in seiner Formgebung kaum von dem der Hammerflügel des 18. Jahrhun-

124 *(linke Seite)* Die Wertschätzung, die die Radleier in der französischen Gesellschaft des 18. Jahrhunderts genoß, ist an der wertvollen Ausführung dieses Instruments zu erkennen. Es gehörte Adélaïde, Madame de France, Ludwigs XV. dritter Tochter, und ist übersät mit klassizistischen Verzierungen. Sie ist aus Zitronen- und Buchsbaumholz gearbeitet. Ihr farbenfroher Eindruck wird noch erhöht durch die Randeinfassung aus Perlmutter-Medaillons und eingelegten Türkisen. Trotz dieser verschwenderischen Dekoration ist die klassizistische Symmetrie und Ausgewogenheit gewahrt

125 Pedal-Pianoforte von Joseph Brodmann, um 1815. Zu Beginn des 19. Jahrhunderts zeigte der klassizistische Stil kraftvollere Ausdrucksformen und schwerblütigeren Prunk. Das eigentliche Instrument steht auf einem zweiten Pedalklavier, dessen „Tasten" mit dem Fuße betätigt werden. Die zum Instrument gehörende ledergepolsterte Bank mit ägyptischen und römischen Motiven hat eine Rückenlehne, die in goldgefaßter plastischer Arbeit eine von zwei Adlern flankierte Lyra darstellt

derts zu unterscheiden. Hier wie dort die gleiche klare und ruhige Linienführung. Das dunkel leuchtende Palisanderholz allerdings zeigt die neue Tendenz zu schwerblütigem Prunk. Ein Bronzefries über der Klaviatur (mit Bacchanten, die einen Leier spielenden Apollo flankieren), Musikinstrumentenembleme aus Bronze an der Innenseite der beiden Klaviaturwangen, ornamentaler Bronzeschmuck an den Korpuslisenen usw. sind typischer Empiredekor. Dem Notenpult ist ein Dreieckgiebel mit personifizierter Sonnendarstellung

aufgesetzt. Die Beine in Gestalt ägyptisierender Hermen enden in sandalenbekleideten Füßen [Bild 125].

Der aus Preußen gebürtige Joseph Brodmann hatte sich schon mit 25 Jahren in Wien ansässig gemacht und gehörte zur Elite der Wiener Klavierbauer. 1828 ging seine Werkstatt auf seinen Schüler Bösendorfer über. Die Bösendorfer Klaviere sind heute noch die führenden österreichischen Klaviere. 1813 kaufte Carl Maria von Weber in Wien einen Brodmann-Flügel, den er weit über die Erzeugnisse anderer Klavierbauer, wie Schanz, Walter, Wachtl usw., stellte.

Unser aus dem Schloß Wetzdorf bei Hollabrunn (Niederösterreich) stammendes Instrument ist ein Pedalklavier, d. h. das Instrument ruht auf einem zweiten Klavier auf, dessen Tasten mit den Füßen wie Orgelpedale angeschlagen werden [Bild 125]. Die Anwendung einer Pedalmechanik auf besaitete Tasteninstrumente ist seit dem 15. Jahrhundert nachweisbar, und diese Tradition wird auch im Klavierbau fortgesetzt. Zu einem Walter-Flügel ließ sich Mozart, um den Umfang des Basses zu vergrößern, um Baßtöne zu verdoppeln usw., ein *Fortepiano Pedale* anfertigen, das er auch zum öffentlichen Fantasieren benutzte. „Viele Musikstücke, die sonst nur mit Begleitung eines anderen Instrumentes ... zu spielen sind, können leicht so eingerichtet werden, daß das accompagnierende Instrument durchs Pedal entbehrlich wird“, berichtet die *Allgemeine musikalische Zeitung*, Leipzig 1806. 1845 verfaßt Robert Schumann Skizzen und Studien für den Pedalflügel (op. 56 und op. 58).

Ein anderer namhafter Wiener Instrumentenbauer der ersten Hälfte des 19. Jahrhunderts war Conrad Graf. Der aus Württemberg gebürtige Graf erlernte zunächst das Tischlerhandwerk, ehe er, allerdings bereits mit 17 Jahren, nach Wien kam, wo er sich niederließ. Er lernte den Klavierbau bei Jakob Schelkle in Währing. Schon 1804 eröffnete er seine eigene Werkstatt, die bald zu großem Ansehen gelangte. Um 1835 galt seine Klavierbauanstalt als „größte und renommierteste Wiens und des Kaiserthums“. Der edle

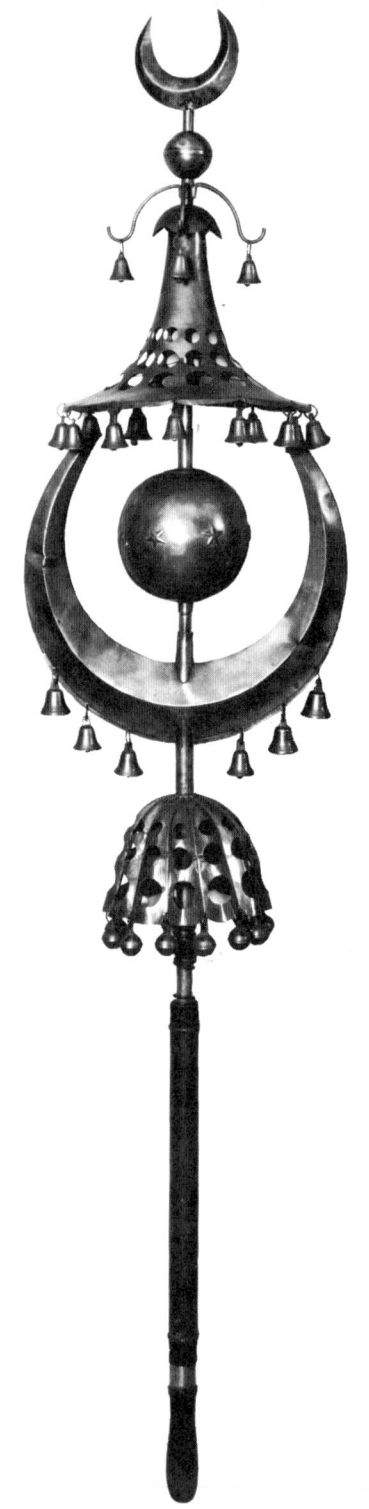

Klang seiner Instrumente, poetisch und singend, realisiert den romantischen Klavierklang in schönster Weise. Es sind ideale Instrumente zur Wiedergabe Beethovenscher, Schumannscher, Chopinscher Klaviermusik. Der die Hofburg in Wien beliefernde Graf stellte übrigens eigens für Beethoven ein Instrument her. 1840 verehrte er Clara Wieck anläßlich ihrer Vermählung mit Robert Schumann einen Flügel, der nach dessen Tode in den Besitz von Brahms überging, der ihn 1873 der Gesellschaft der Musikfreunde in Wien schenkte.

Ein mit reichem Empiredekor geschmücktes PYRAMIDEN-KLAVIER aus der Werkstatt Conrad Grafs steht heute im Gemeindemuseum in Den Haag. Das Pyramidenklavier wurde 1745 vom Klavierbauer Christian Ernst Friederici in Gera erfunden. Dieser aufrechte Pianofortetyp wurde wohl hauptsächlich aus Platzgründen, in Anlehnung an das Klaviziterium konstruiert. Im 19. Jahrhundert mag es dann auch oft die dekorative Wirkung des meist pyramiden- oder lyrenförmigen Gehäuses gewesen sein, der er seine Beliebtheit verdankte. So wurde der heute in Den Haag stehende Pyramidenflügel 1829 durch einen ungarischen Magnaten in Auftrag gegeben, der betont, daß das Instrument „originell sein" soll, „vor allen Dingen ein Dekorationsstück". Später erhält ihn ein Diener als Abschiedsgeschenk für treue Dienste. Der Flügel gelangt dann zum Dorfschulmeister und endet schließlich in einer Gerümpelkammer. (Siehe: Hirt, „Meisterwerke des Klavierbaues", S. 393.)

Auf dem Signaturtäfelchen ist zu lesen: *CONRAD GRAF / Kaiserl.kön. Hofpianofortemacher / WIEN / nächst der Carls-Kirche im Mondschein Nr. 102"*. Der Saitenbezug ist in einem pyramidenförmigen Gehäuse untergebracht, den eine antikisierende Urne krönt. Die Vorderseite dieses Gehäuses ist mit farbig gefaßtem Reliefschmuck versehen. Auf der damals obligaten Lyra hockt der österreichisch-ungarische Doppeladler, von Lorbeerkranz und Krone überhöht. Zu beiden Seiten stehen ägyptisierende Negersklaven, die doppelflammige, ampelförmige Leuchter halten. Ins Untergestell sind Negerinnen als Pilaster eingefügt. Ornamentale Bronzebeschläge, Bronzereliefs mit Genien und anderes mehr vervollständigen den pompösen Dekor.

Die dekorative Form der antiken LYRA bzw. Kithara hatte schon seit jeher zu Nachahmungen angeregt. Immer wieder war sie emblematisch-symbolhaft als Ausdruck der Musik selbst genommen worden, Apollo selbst gilt als ihr berühmtester Spieler. Im frühen Mittelalter sehen wir sie gelegentlich statt einer Harfe in den Händen König Davids, später in der Renaissance auch in den Händen der Engel. Sogar im Klavierbau des 19. und 20. Jahrhunderts finden wir sie, wo der Kasten der Fußpedale oft Lyraform hat.

Gegen Ende des 18. Jahrhunderts wurde zunächst im napoleonischen Frankreich, dann aber bald in ganz Europa, eine lyraförmige Gitarre gebaut, die — hauptsächlich ihrer dekorativen Wirkung wegen — von der Damenwelt gespielt wurde. Es wird hier nur der Umriß der antiken Leier nachgeahmt, im übrigen entsprechen Saitenbezug, Griffbrett und Spiel der vertrauten Gitarre.

Gelegentlich wich man auch von der Gitarre ab, wie die sogenannte HARFENLYRA beweist. Ein besonders schönes Exemplar befindet sich im Metropolitan Museum of Art in New York. Das Instrument wurde zu Beginn des 19. Jahrhunderts vom italienischen Instrumentenbauer Carlo Scalfi hergestellt. Es ist optisch eines der schönsten Empireinstrumente, die auf uns gekommen sind [Bild 111]. Die Lyra ruht, von zwei vergoldeten Sphinxen flankiert, auf einem rechteckigen Untergestell, von welchem sie im Bedarfsfalle losgelöst werden kann. Auch das ist aus der Antike übernommen, wie auf einem Gestell ruhende Leiern auf Sarkophagdarstellungen beweisen. Das Untergestell, das auf Löwenfüßen steht, ist mit römischen Reliefporträts, Medaillons mit vergoldetem Blattwerk und Löwenköpfen, die Decke des Resonanzkörpers mit aufgemalten Blumengirlanden, Schmetterlingen und Musendarstellungen geschmückt. Die drei runden Schallöcher sowie der Rand der Decke des Reso-

Musickbanda des zweiten Infanterie Regiments

127 Musikbanda des zweiten Infanterie-Regiments in Wien, Anfang des 19. Jahrhunderts; beide Soldaten mit eindrucksvollen Federbuschhelmen. Der orientalisierende Schellenbaum ist in mehreren Etagen mit zahlreichen Glöckchen, Pavillon und Lira aufgebaut und wird vom österreichischen Doppeladler bekrönt

126 (linke Seite) Schellenbaum aus Belgien, um 1800. Diese „Selbstklinger", die durch die bloße Bewegung zum Klingen gebracht werden, haben ihren ursprünglichen mystisch-magischen Charakter nie völlig verloren und erinnern, mehr als andere Instrumente, noch heute daran, daß Musik mehr als eine nur ästhetische Funktion hat

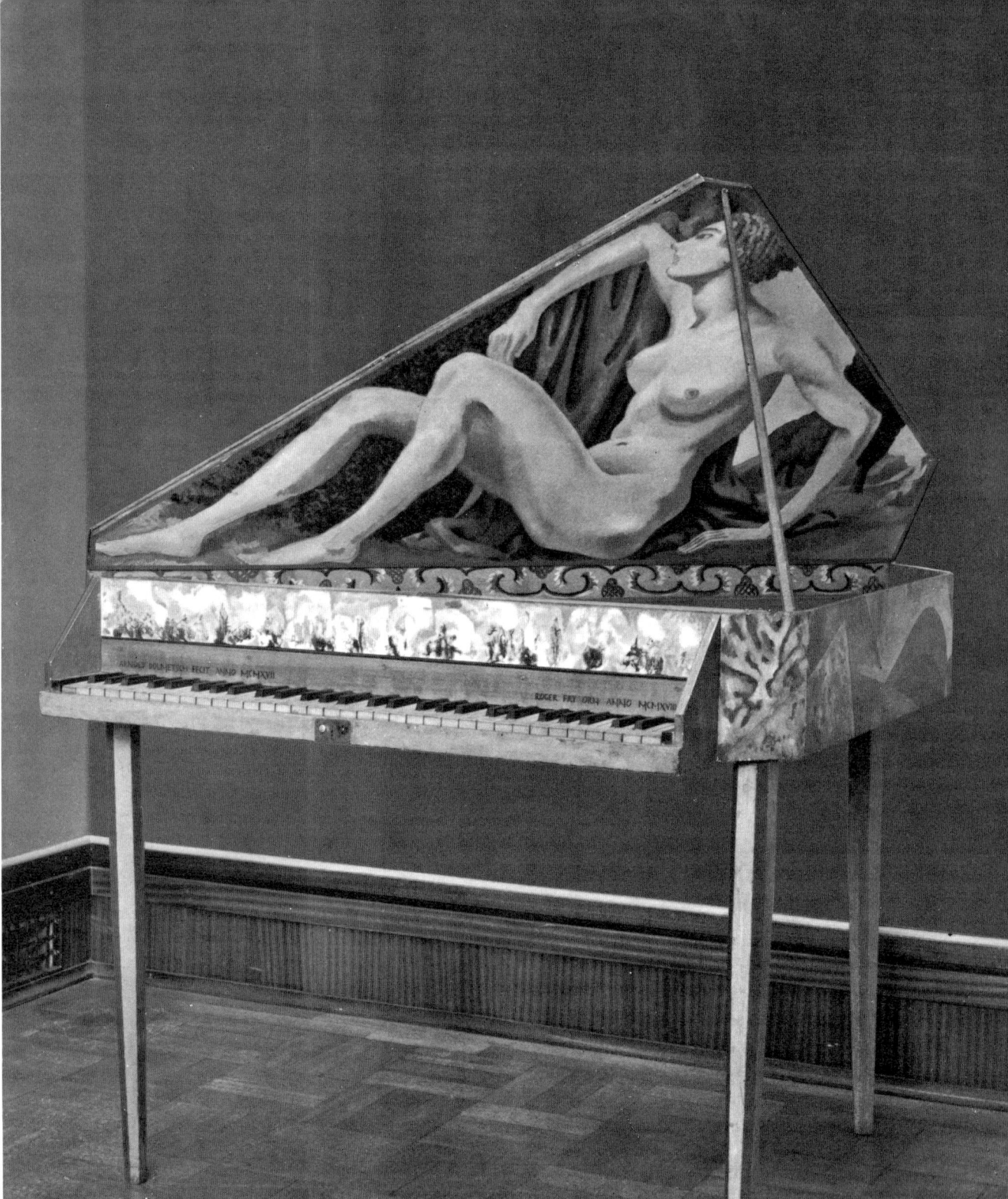

nanzkastens sind überdies noch mit Einlegearbeiten in Perlmutter dekoriert. Zwischen den beiden Jocharmen sehen wir, blau in Blau, das zarte Relief eines fackel- und kranztragenden, geflügelten Cupido.

Auf kultisch-magische Ursprünge geht der SCHELLENBAUM zurück, der heute noch gelegentlich in der Militärmusik Verwendung findet. Glocken und Glöckchen hatten ja seit jeher eine mehr als ästhetische Funktion. Das dunkle Gewoge großer Turmglocken hat etwas seltsam Mahnendes, das helle Klingeln kleiner Glöckchen etwas Mystisch-Rituelles an sich.

Der Schellenbaum besteht aus einer Tragstange, an welcher, meist in verschiedenen Etagen, Metallaufsätze mit Glöckchen und Schellen befestigt sind. Beim Schütteln der Stange oder auch beim schreitenden Tragen derselben fangen die Glöckchen und Schellen zu klingeln an. Wir haben den Schellenbaum unmittelbar von den Türken übernommen. Spätestens seit dem 16. Jahrhundert bei uns bekannt, wurde er aber erst gegen 1800 von der französischen Garde — wohl in Anlehnung an die zeremoniösen Ranginsignien des Römischen Reiches — aufgenommen, um dann von hier aus sich im übrigen Europa zu verbreiten. Ein besonders schöner Schellenbaum befindet sich in Boston, im Museum of Fine Art. Er ist in Belgien um 1800 hergestellt worden. An seiner Spitze sitzt ein türkischer Halbmond. Auch die Messingsternchen unterstreichen den morgenländischen Charakter des Instruments [Bild 126].

Schlußwort

Das Interesse an alten Musikinstrumenten ist heute größer als je zuvor. Hatte man sie früher mehr als Kuriositäten oder allenfalls als kunstgewerbliche Kostbarkeiten betrachtet, so werden sie heute wieder als Klangwerkzeuge geschätzt. Hand in Hand damit geht das Bestreben, die alte Musik so authentisch als nur irgend möglich wiederzugeben.

128 (linke Seite) Spinett von Arnold Dolmetsch mit Dekorationen von Roger Fry, London, 1917/18. Arnold Dolmetsch (1858–1940) hat sich als einer der bedeutendsten Pioniere große Verdienste um die Renaissance alter Musikinstrumente erworben. Er und seine Familie haben Zupf- und Streichinstrumente sowie Blockflöten und auch zahlreiche Tasteninstrumente gebaut

Alte Instrumente werden so zu Klangzeugen, zu magischen Stimmen der Vergangenheit.

Zahlreiche Berufsmusiker sind heute zu Spezialisten im Spiel auf historischen Instrumenten wie etwa auf der Blockflöte, der Gambe, der Laute oder dem Cembalo geworden. Es gibt Ensembles, die sich völlig der Wiedergabe alter Musik auf Krummhörnern, Zinken, Dolzianen, barocken Querflöten, Oboen, Fagotten und verschiedenen historischen Streichinstrumenten widmen. Sogar Orchester, die sich ausschließlich die Aufführung barocker und frühklassischer Musik auf den entsprechenden Instrumenten zur Aufgabe gemacht haben, wurden gegründet.

Da Originalinstrumente kaum mehr zu erwerben sind, herrscht eine große Nachfrage nach guten Kopien. Blockflöten und Cembali werden sogar schon in fabrikmäßigen Mengen hergestellt. Das führt freilich oft zur Vernachlässigung wichtiger Konstruktionsmerkmale. Schon geringe Abweichungen von ursprünglichen Gegebenheiten können aber hier wesentliche Veränderungen, meist bedeutende Verschlechterungen der Klangqualität verursachen. Es gibt aber eine ganze Reihe höchst gewissenhafter Instrumentenbauer, deren Kopien im Klang den alten Instrumenten sehr nahe kommen. Unter anderem seien hier genannt: Martin Skowronek (Bremen, Deutschland), Renaissance- und Barockblockflöten, Cembali und Klavichorde; Meinl & Lauber (Gartenberg, Deutschland), Barockposaunen und -trompeten; Friedrich von Huene (Brookline, Massachusetts, USA), Renaissance- und Barockblockflöten, barocke Querflöten; Carl Dolmetsch (Haslemere, England), Gamben und Blockflöten; Peter Kukelka (Wien, Österreich), Klavichorde.

Diese Bemühungen sind nicht nur als Flucht in die Vergangenheit zu werten. Sie bedeuten auch die echte Anerkennung des Eigenwertes vergangener Epochen. Sie helfen uns, den blinden Fortschrittsglauben des 19. Jahrhunderts, an dessen schrecklichen Auswirkungen wir noch immer alle leiden, zu überwinden.